CONTES I LLEGENDES DELS OCELLS

Col·lecció Prisma – 64

CONTES I LLEGENDES DELS OCELLS

MICHEL BOURNAUD

Prefaci de Michel Terrasse

Amb la contribució de Michel Hindenoch
en el conte "L'ocell engabiat"

Cossetània

Amb el suport del Departament de Cultura

Generalitat de Catalunya
Departament
de Cultura

Títol original: *Contes et légendes de l'oiseau*
Edició original © Éditions Hesse, 2019
Representada per Cristina Prepelita Chiarasini
www.agencelitteraire-cgr.com

Primera edició: octubre del 2023

9 Grup Editorial
Cossetània Edicions
C. de la Violeta, 6 • 43800 Valls
Tel. 977 60 25 91
cossetania@cossetania.com
www.cossetania.com

Disseny i composició: 3 × Tres

Impressió: Romanyà Valls, SA

ISBN: 978-84-1356-303-9

DL T 677-2023

PREFACI

Als anys seixanta, a les planes de Macedònia que encara formaven part de Iugoslàvia, vaig tenir la sort de ser testimoni d'una sorprenent complicitat entre l'àliga imperial i la gent del poble, que protegien l'àrea on vivia aquest gran rapinyaire, construïda sobre un arbust al límit del poble. Aquest espectacle excepcional encara es pot contemplar avui dia en alguns llocs allunyats dels Balcans. Cada vegada, l'àliga es beneficia d'una creença que deriva dels mites fundacionals grecs que fan d'ella una companya dels déus, que és capaç de controlar els llamps i, per tant, de protegir les collites que hi ha al voltant del seu niu.

A cada país, a cada continent, a mesura que anaven passant civilitzacions, els ocells han inspirat totes les mitologies, totes les cultures. No és gens estrany que els contes, expressió popular vehiculada per la tradició oral, ens ofereixin una paleta tan rica i variada dels nostres lligams amb els ocells.

En aquesta obra, Michel Bournaud ens proposa una gran diversitat d'històries, que van des dels contes familiars, sorgits del folklore francès, fins a les epopeies líriques recollides a través del món.

Sense voler abandonar la part de somni, indispensable company d'aquesta mena de lectures, és bo buscar en la diversitat d'aquests contes, a través dels espais geogràfics i temporals que ens fan recórrer, les similituds, però també les divergències entre els grans mites que trobem en moments diferents en cultures que a vegades estan molt allunyades les unes de les altres.

L'ocell, que va participar de la creació dels elements com el cel, la llum o el sol, més tard es va associar a la fundació de les primeres civilitzacions, sovint vinculada al tema del diluvi. És al mig d'aquests punts de convergència on es retroben, per exemple, l'àliga i el corb, dos companys amb una simbologia molt marcada.

Els humans mai no hem estimat l'obscuritat. Des de l'època llunyana en què lluitàvem per la supervivència a l'interior de les coves, probablement hem intentat entendre per què alguns ocells eren negres mentre que altres mostraven un plomatge immaculat. En aquest determinisme que ve des de la nit dels temps, l'atzar de l'evolució no podia ser-ne l'únic responsable. No falten els exemples de contes per explicar, mitjançant càstigs i maleficis, el color negre del plomatge dels desgraciats corbs o l'activitat nocturna dels mussols i dels xots. Per als indis chumash de Califòrnia, el còndor, blanc originàriament, era tan familiar que el seu planar a baixa altura per sobre dels focs encesos per les tribus al cim dels penya-segats li havia acabat ennegrint el cos, excepte dues taques a les seves amples ales que havien continuat sent blanques.

Llegint les aventures del jove tsar assassinat (Maria Morevna) el cos esbocinat del qual és reconstituït pel falcó, l'àliga i el corb, un no pot deixar de pensar en el cos d'Osiris, tallat en catorze fragments pel seu cruel germà i laboriosament retrobat enmig de les aigües del Nil per finalment ser ressuscitat pel falcó Horus.

De fet, la història dels contes transmesos de forma aleatòria pels moviments dels pobles que els escoltaven o els transformaven permet relacionar les persones. No és cap casualitat que es trobin els mateixos simbolismes d'ocells que s'assemblen a través de les civilitzacions i els continents colonitzats.

El mite de l'àliga o del voltor endevinadors, sense cap dubte a causa de la seva gran aptitud per descobrir les preses o els cadàvers de què s'alimenten, ha saltat amb les persones durant migracions perpètues, primer a Àfrica, després a l'Orient Mitjà, i ha arribat a Àsia i finalment a Amèrica del Nord i del Sud. Durant aquest viatge, no falten els exemples de la utilització dels voltors o les àligues per orientar eleccions tan importants com el lloc on es bastiria una ciutat o un temple gràcies a la lectura dels auspicis, literalment, l'observació dels ocells.

El còndor, l'esperit que plana dels indis d'Amèrica, tant si és de Califòrnia com dels Andes, esdevé molt proper dels voltors de l'Himàlaia, associats a la recerca de les ànimes errants dels desapareguts.

El còndor dels Andes, l'ocell sagrat per excel·lència en totes les civilitzacions precolombines, també està vinculat a l'astre solar. El sol hauria nascut d'un ou de còndor, i l'ocell gegant s'havia d'encarregar, cada nit, de transportar-lo sobre les seves ales per fer-lo reaparèixer l'endemà al matí, disposat a escalfar la Terra amb els seus raigs benefactors. Tanmateix, per al conqueridor espanyol, aquest simbolisme massa favorable a una cultura que calia extirpar a qualsevol preu de l'ànima inca va esdevenir ràpidament insuportable. El conte "El còndor i la pastora" n'és una bona il·lustració: ens mostra un ocell finalment dessacralitzat, fins i tot francament antipàtic, contemporani sens dubte d'aquesta nova edat.

Les desviacions d'aquesta mena no són estranyes: els mussols, símbols de saviesa a la Grècia antiga, al nostre segle XIX van esdevenir portadors de malastrugances. El xoriguer del conte "Per què les criatures no caminen quan venen al món" no és diferent del mite modern de "nociu". Per al conservador de la natura, la percepció dels animals en el conte dels indis de les planúries d'Amèrica del Nord o en el japonès de "La grua blanca", símbol perfecte de respecte a l'altre, està més d'acord amb el missatge educatiu que vol transmetre al públic.

Amb aquesta obra, encreuament entre somni, mitologia i aventura, es mesura la importància del lloc de l'ocell en les nostres cultures, fins i tot si la seva imatge ha estat falsejada per un antropocentrisme massa sovint excessiu. Però, en el fons, el que importa és que aquestes històries, tretes de l'oblit, continuïn el seu camí i continuïn emocionant, sorprenent, en definitiva, fent vibrar la part d'infant que s'amaga dins nostre.

L'ocell és el rei. Tal com ho deia Jacques Prévert, "aquesta petita bola de vida, vermellosa i tèbia com la sang", símbol fràgil però subversiu, perquè és sinònim de llibertat, no ha deixat de portar-nos a les seves ales.

Michel TERRASSE

EN ELS PRIMERS MOMENTS DEL MÓN

COM ELS OCELLS VAN ACONSEGUIR EL CEL I COM ELS HOMES VAN ANAR A BUSCAR LA NIT

Fa molt temps, en aquell temps d'abans del temps, els ocells ja eren presents en tota la superfície de la Terra. Però vivien en condicions penoses perquè el cel era molt baix, molt proper a la Terra. No tenien pràcticament lloc per emprendre el vol, sobretot els grans ocells com l'àliga o el voltor. Constantment xocaven amb el cel. De fet, els animals i els homes no paraven de queixar-se al Sol.

Cada cop més descontents, els ocells es van reunir i van discutir què podien fer per millorar la seva trista vida. Van pensar que havien d'empènyer el cel. Però aquest no en volia saber res:

—No em mouré pas! Tal com estic, ja estic bé. Veig els boscos, els penyals coberts de prats, em puc mirar en l'aigua dels llacs.

Llavors van decidir sortir tots junts i enfilar-se per empènyer el cel.

Imagineu-vos quina força podien representar tots els ocells del món reunits, des de les àligues, els voltors, les grues, els bernats pescaires i les garses fins als passerells, les mallerengues i les busqueretes, passant per les polles d'aigua, els ànecs, les perdius, els pigots, batent les ales tots alhora empenyent el cel cap amunt. Durant un temps el cel va poder resistir, però finalment va cedir una mica de terreny. Els ocells, estimulats, van doblar el seu esforç. Finalment el cel va ser empès tan lluny que l'àliga i l'oreneta podien volar sense que s'arribessin a distingir.

Tots els ocells estaven contents, però molt cansats. De retorn a la Terra, van veure que un ratpenat dormia tranquillament a la branca d'un arbre. Els ocells estaven furiosos perquè aquell animal no havia anat amb ells a ajudar-los. I el van interrogar:

—És que no et molestava, que el cel fos tan baix?

—Tant se me'n fot, el vostre cel; deixeu-me dormir —va replicar el ratpenat.

Dormir? Heu de saber que ningú dormia en aquells temps, perquè sempre era de dia. Furiós, el voltor li va etzibar:

—Bé, doncs continua dormint! Però, d'ara endavant, dormiràs de cap per avall!

Des d'aquell moment, els ratpenats dormen penjats pels peus, de cap per avall.

En aquells temps, els homes ja eren a la Terra. No eren com els ratpenats, perquè mai no dormien. Per a ells, la vida s'havia tornat pitjor des que els ocells havien allunyat el cel. Ara hi havia lloc, ja no s'ofegaven sota la seva immensa volta. Va ser llavors que els homes es van posar a treballar tot el dia, sense descans, perquè no hi havia nit. Podien construir cases més altes, caçar i pescar durant més temps, perquè els animals que caçaven i pescaven eren abundants. Mai no s'aturaven. Però ells també estaven esgotats. Un dia, un vell de la tribu va dir:

—Abans, els vells deien que, més enllà de les muntanyes, hi ha un gran bosc on es troba una clariana. En aquesta clariana hi ha dues grans carbasses a l'interior de les quals es troben tancats la nit i els animals de la nit, vigilats per l'esperit de la nit. Hem d'anar a obrir aquestes carbasses i alliberar la nit, així podrem finalment dormir i treballar menys.

Els caps es van endur tots els homes. Van caminar durant molt temps i van travessar valls, muntanyes, planes, estanys i boscos. Finalment, van trobar la clariana. Enmig hi havia dues enormes carbasses més altes que els arbres del bosc. Del seu interior sortien els crits de tota mena de bèsties nocturnes: mussols, òlibes, micos udoladors. Els caps van dir:

—Apunteu primer a la més petita.

Així va sortir un estol de fletxes que van caure sobre la més menuda de les carbasses, que es va trencar en mil trossos. La nit i els animals es van escapar i van perseguir els homes, que van marxar cap al seu poble. Quan hi van arribar, es van estirar i van tancar els ulls. Quan els van tornar a obrir, era de dia de nou. Però la nit va arribar ben aviat. Es van tornar a adormir. I així successivament... Des d'aquell moment el dia i la nit se segueixen i s'alternen. Els homes anaven molt menys cansats perquè ara podien dormir de manera regular.

Però els homes encara no estaven satisfets. Es planyien i volien tornar a obrir l'altra carbassa. De seguida els caps van decidir fer una nova expedició. Quan el núvol de fletxes va fer explotar la carbassa gran, una obscuritat immensa els va perseguir encara més de pressa que la primera vegada. Fugien de l'esperit de la nit tan ràpidament com podien, perquè aquest els volia transformar en bèsties nocturnes. A més, un d'ells va ser capturat i convertit en un ocell: un enganyapastors.

Els homes finalment van tornar a casa seva i van poder tancar els ulls. Però ja no sortien. Tenien por, por de la nit, por de la seva ombra, por dels altres. Es passaven el dia tancats, enclaustrats a les seves cases.

Va ser llavors quan alguns d'ells van començar a explicar històries. Els altres es posaven en cercle al seu voltant i els escoltaven. Les llargues nits passaven més de pressa, perdien la por. D'aquesta manera van néixer els rondallaires.

ELS NOUS MONS DE L'ÀLIGA I EL CORB

En aquells temps, el diluvi havia cobert la Terra. La inundació ho havia arrabassat tot. Cap vida animava les avorrides immensitats cobertes per les aigües. Fins i tot el cel sempre estava carregat de núvols negres.

Quant temps va passar d'aquesta manera? Ningú no ho sap.

El que els indis yokut saben és que un dia el cel va recuperar el seu color blau. La llum del sol banyava el món un altre cop. Només uns petits núvols blancs s'esfilagarsaven empesos per un lleuger vent.

Va ser justament en aquell moment que va aparèixer una àliga gegantesca, que planava per sobre de les aigües. Portava un corb sobre l'esquena. Durant molt temps van estar donant voltes buscant un lloc on aturar-se. Però en aquest univers líquid no veien cap terra, cap roca, ni un arbre per posar-hi les potes.

Finalment, a còpia de paciència, un dia la vista aguda de l'àliga va aconseguir distingir un minúscul punt negre a la superfície de les aigües. Es podria dir que era una vella soca que sobresortia una mica de l'aigua. L'àliga s'hi va posar a sobre. Només hi havia espai per a ella i el corb. D'aquesta manera, van poder descansar.

La immensitat líquida els rodejava, sense cap vida, excepte la d'una multitud de peixos que nedaven d'aquí cap allà a la part més fonda. L'àliga i el corb van pensar que aquells peixos els servirien com a mínim per menjar, i es van posar a pescar i a capbussar-se dins l'aigua. Durant diversos dies van aconseguir treure's la fam, i cada cop tornaven a sobre de la soca.

Tot i això, l'àliga i el corb van decidir separar-se per anar a explorar l'horitzó a la recerca d'una terra on poguessin disposar d'una mica més de lloc. L'àliga va ser la primera a marxar, va planar durant tot un dia, però fou endebades. Va tornar a la soca, on el corb l'esperava. Llavors va ser el torn del corb, que va emprendre el vol, però ell tampoc no va trobar ni un minso tros de terra. Es va tornar a posar al costat de l'àliga. Els peixos, per sort, els permetien alimentar-se. Durant dies i dies, l'àliga i el corb marxaven per explorar un racó diferent de l'horitzó, però cada vegada retornaven amb les mans buides. Com ho podien fer per trobar terra i refer un nou món? Cap dels dos no podia capbussar-se fins al fons de l'aigua per extreure'n una mica de terra.

Un dia, amb gran sorpresa, van descobrir un ànec que nedava al voltant de la seva soca. L'ànec es capbussava, duia peixos travessats al bec i se'ls empassava de manera golosa tot torçant el coll. Un cop, va tornar a la superfície, però amb més fang que no pas peixos. L'àliga i el corb es van posar d'acord:

—Aquest ànec es pot submergir i dur-nos fang per construir-nos una terra.

—I com l'hi demanem?

—Sembla que s'alimenta de peixos. I si n'hi donem? Potser així entendrà que cal que ens porti fang en comptes de peixos.

Immediatament, l'àliga va posar un peix al damunt de la soca, al costat de l'ànec. Aquest va acabar entenent que era per a ell. I, després de diversos intents, també va arribar a comprendre que en compensació havia de dur-los fang del fons de les aigües.

Des d'aquell moment, quan l'ànec reapareixia, duia el bec ple de fang, i també en duia sobre el cap i per tot el cos. L'àliga l'eixugava amb les seves ales i dipositava el fang al seu costat de la soca. Després li tocava al corb oferir un peix a l'ànec, que es capbussava immediatament i portava fang per al corb, que l'anava acumulant al seu costat de la soca. Ho anaven fent per torns. Com que l'àliga i el corb havien decidit partir-se equitativament tot el que l'ànec els dugués, els dos pilots de fang creixien de manera igual. Els dos ocells estaven meravellats del treball que havia fet l'ànec. Li donaven tants peixos com volia. Com més menjava, més es capbussava, i com més es capbussava, més gana tenia. Tot i l'energia i l'activitat de l'ànec, els nous mons de l'àliga i el corb progressaven molt lentament.

Els dos ocells, de tota manera, no van deixar de sortir per veure si trobaven terra ferma. Però mai no trobaven res.

Un dia, de tornada, el corb va adonar-se que el nivell de l'aigua havia baixat una mica. La soca estava una mica més descoberta que quan havia marxat, i els dos pilots de fang semblaven una mica més alts. Des d'aquell moment, van vigilar com les aigües anaven baixant.

Un altre dia, l'àliga va marxar molt lluny, molt més lluny del que ho feia habitualment. Quan, ja ben entrada la tarda, va tornar, es va adonar que el seu pilot de fang havia augmentat considerablement. L'ànec havia treballat de valent durant la seva absència. Però, quan va veure el pilot del corb, va descobrir que era dues vegades més alt que el seu. El resultat va ser una gran discussió, i fins i tot una disputa, entre l'àliga i el corb.

—Aquesta és la teva manera d'entendre un repartiment a parts iguals? —va cridar l'àliga.

Des d'aquell dia, l'àliga va donar dos peixos a l'ànec, en comptes d'un, com feia normalment. D'aquesta manera, l'ànec duia dues vegades més fang per al pilot de l'àliga que per al del corb. Així, el pilot de l'àliga va atrapar el del corb i es va fer més alt. Aquest darrer mai no se'n va adonar.

Durant tot aquest temps, l'aigua va continuar baixant lentament i deixava veure nous mons. L'ànec es va posar a treballar sense descans.

Un dia, l'àliga va veure la terra al fons de l'aigua, allà on l'ànec anava a buscar el fang. Però va esclatar una tempesta terrible, amb grans llamps i trons. La pluja torrencial es va emportar una part del fang que tant havia costat de recollir. Quan va parar de ploure, uns raigs de sol van travessar els núvols i van il·luminar el paisatge, on va aparèixer un arc de llum amb tot tipus de colors. L'àliga va emprendre el vol per veure'l de més a prop. Quan l'arc va haver desaparegut, va tornar i va discutir amb el corb: la tempesta havia rentat el cel i havien de reprendre el seu treball de construcció de nous mons. Per la seva banda, l'ànec estava llest. Sobre els pilots secs i endurits pel sol, l'equip va continuar encara durant molt temps. L'aigua es va enretirar lentament i els seus pilots ben aviat van quedar penjats molt més amunt que les terres emergides al seu voltant.

El nou món de l'àliga encara és el més gran, i els indis avui dia diuen que és la Sierra Nevada. Pel que fa al del corb, diuen que és la Serralada de la Costa, la cadena de muntanyes que ressegueix la costa del Pacífic. També diuen que respecten més l'àliga, brava i potent, que no pas el corb, que mai no ha estat just en el repartiment amb l'àliga.

LA PUPUT I EL REI SALOMÓ

Un dia, mentre feia un viatge, el gran rei Salomó se sentia molt incòmode per la calor del sol. Va veure un estol de puputs que passava per allà i els va demanar de fer un sostre entre ell i l'astre de foc.

La reina de les puputs va reunir immediatament el seu poble i el va fer volar, com si fos un núvol, per sobre del gran rei. En agraïment per aquest servei, aquest va oferir a les seves noves amigues amb plomes triar la recompensa que els agradaria. Després de tot un dia de reflexió, la reina de les puputs va tornar amb la seva resposta:

—Ho has pres tot en consideració? —va demanar el rei Salomó.

—Hi he ben pensat —va respondre la puput—. M'agradaria que tinguéssim una corona d'or sobre el nostre cap.

—Doncs tindreu una corona d'or sobre el cap —va respondre el rei Salomó—. Però certament ets una mica curta de gambals. Vindran dies foscos i llavors t'adonaràs de la bogeria que has demanat. Quan això passi, vine'm a veure i t'ajudaré.

La reina de les puputs va abandonar el rei Salomó amb la seva corona d'or sobre el cap. Les altres puputs també van tenir les seves corones d'or. N'estaven molt orgulloses i eren arrogants. Baixaven a les vores dels llacs i estanys i s'hi miraven com en un mirall. La reina de les puputs es va estarrufar d'orgull. Se situava ben enlaire en un arbre i es negava a parlar tant amb el seu cosí abellerol com amb els altres ocells que abans havien estat els seus amics. I això amb l'excusa que només eren ocells vulgars mentre que ella, la puput, portava una corona d'or sobre el cap.

Un dia, un caçador va instal·lar unes trampes per capturar ocells. Va col·locar un tros de mirall trencat en una de les trampes. Una puput hi va anar a mirar-se i va ser capturada. Observant-la amb atenció, el caçador va veure la corona d'or sobre el seu cap. Li va arrencar el cap, va agafar la corona i la va mostrar a Issachar, el fill de Jacob, que treballava els metalls. Li va demanar què en pensava:

—És una corona de llautó —va dir Issachar, fill de Jacob.

Va donar unes quantes monedes al caçador i li va demanar que li dugués totes les corones que pogués trobar i que guardés el secret d'aquesta troballa.

El caçador va capturar altres puputs i va vendre les seves corones a Issachar, fill de Jacob, fins que un dia va trobar un home que feia de joier. Li va ensenyar diverses corones de puput. El joier va dir al caçador que era or pur i que li donaria una moneda d'or pur per cada quatre corones.

Com que en aquell moment el valor de les corones ja era reconegut, la seva anomenada va traspassar les fronteres. Per tota la terra d'Israel només se sentia la xiuladissa de les fletxes dels arcs i les pedres de les fones. A tot arreu es van instal·lar cercles de vesc. El preu de les trampes va pujar tant al mercat que els seus fabricants es van enriquir. Quan es veia alguna puput, la mataven o la capturaven de seguida. Els dies de les puputs estaven comptats. Només podien sentir-se tristes i tenir por. Quan només eren un grapat, no feien altra cosa que deplorar el seu destí cruel.

Finalment, la malaurada reina de les puputs, esmunyint-se pels llocs menys freqüentats, va arribar-se fins a la cort del rei Salomó, es va posar davant dels graons del tron i, amb molts sospirs i gemecs, va explicar la desgràcia del seu poble.

El rei Salomó se la va mirar amb cara amistosa i li va dir:

—Que no t'havia dit que això de desitjar una corona d'or era una bestiesa? La vanitat i l'orgull han estat la teva ruïna. Però amb la intenció que resti la memòria del servei que vosaltres, les puputs, em vau fer, les vostres corones d'or seran des d'ara canviades per corones de plomes. D'aquesta manera podreu anar pel món sense cap perill.

Quan els caçadors van veure que les puputs ja no tenien corones d'or sobre el cap, van deixar de perseguir-les. Des d'aquell moment, les puputs van poder prosperar i viure en pau sobre la Terra, cosa que han fet fins a dia d'avui.

PER QUÈ EL MUSSOL TÉ UNS ULLS TAN GROSSOS?

Sabeu per què els mussols tenen els ulls tan grossos? Per saber-ho, ens hem de remuntar al principi del món.

Imagineu-vos, al principi del món, el Creador del món distribuint entre els ocells tot el que els feia falta per viure: potes, becs, ales. Com n'eren, de feliços, els ocells! Sobretot quan van tenir ales per volar per l'aire! Estaven tan contents que no van esperar que la distribució acabés i van emprendre el vol esperitats.

—Eh! Espereu-vos! —va cridar el Creador del món—. Encara no us he donat els ulls!

Però ja era massa tard, i la seva ordre va caure en el buit, perquè tots havien marxat. Tots, excepte el mandrós mussol, que, flamenc, no s'havia dignat a emprendre el vol. El Creador del món li va dir:

—Afanya't, mussol! Agafa aquest sac amb tots els ulls i ves a distribuir-los entre els ocells, un parell per a cadascú.

El mussol va prendre el sac mentre renegava alguna cosa, però estava obligat a obeir. Se'l va carregar a l'esquena i va emprendre el vol. Però, a mig camí, el mussol, ple de curiositat i de desig, va decidir aprofitar-se'n i ser el primer de servir-se'n. Va obrir el sac i va triar els ulls més grossos que va trobar. Després es va reunir amb tots els altres ocells per a una distribució general. Cadascú, segons la seva talla i el lloc que tenien disponible al cap, agafava els ulls que li convenien. Va ser un aldarull generalitzat: hi veien! Veien el món, veien les seves plomes multicolors. En veure per primer cop el mussol, no van poder contenir el riure:

—Oh! Que ets ximple! Quins ulls més estranys que tens! Són massa grossos per al teu cap! Certament et fan ridícul.

Des d'aquell dia, el mussol ja no sap on amagar-se. Sent tanta vergonya del que va fer que durant el dia s'amaga. Només s'atreveix a sortir durant la nit, per por que algú el vegi amb els seus grans ulls. Fins i tot, només obre un sol ull cada vegada. Però això no canvia res...

ELS OCELLS DOLENTS

EL CORB I EL MUSSOL

Abans, el corb i el mussol no tenien l'aparença que tenen avui dia: tots dos eren blancs. Vivien al mateix refugi, caçaven junts i es partien les preses com germans. Aquesta vida pacífica i calmosa va durar un temps molt llarg.

Un dia, el mussol li va dir al corb:

—Germà corb, ara ja som molt vells. Aviat ens morirem. Els nostres fills i nets s'assemblaran a nosaltres i també seran blancs. I si ens pintéssim el plomatge per ser més macos abans d'abandonar aquest món?

—Bona idea! —va respondre el corb—. No et moguis. Primer et pintaré jo a tu. Després em pintaràs tu a mi.

El corb va agafar un gran pot ple de greix, el va escalfar posant-lo al costat del foc i, amb l'ajuda d'una ploma de la seva cua, va decorar el cos del mussol amb un gran detall. Aquest treball meticulós, metòdic, va durar tot el dia. Ara el mussol ja tenia unes plomes belles de colors i matisades. Quan el corb va haver acabat, li va dir al mussol:

—Ets molt maco, mussol. Esperem que estiguis ben sec i llavors et tocarà a tu pintar-me.

Quan va tenir el plomatge definitivament sec, el mussol va dir:

—Ara et toca a tu! Tanca els ulls i no et moguis!

El corb va obeir i va tancar els ulls. Esperava. Llavors, el mussol va agafar el gran pot de greix calent i ennegrit i el va tirar per sobre del corb. Aquest va fer un gran crit: era negre des del cap fins a les potes!

—Mal amic! Fals company! Bandit! —cridava furiós—. M'has enganyat. Jo m'he afanyat a fer-te ben maco i tu, d'un sol cop, m'has tornat negre i lleig. D'ara endavant, seràs sempre el meu enemic. Sàpigues que mai no hi haurà pau entre nosaltres i que tots els meus descendents combatran els teus fins que el món s'acabi.

Des d'aquell dia, els mussols tenen un plomatge acolorit i matisat i els corbs són completament negres. També ve d'aquí que els corbs persegueixen sense descans els mussols si, per algun motiu, els veuen sortir a plena llum del dia.

L'ÀLIGA, LA GARSA I EL MILÀ

Un dia, l'àliga va decidir no caçar mai més sola. Va anar a trobar la garsa i el milà i els va oferir associar-se.

—Aquesta relació serà avantatjosa per a tothom. Caçarem junts i immediatament ens partirem el que atrapem —va afirmar.

El milà, content de la proposta del rei dels ocells, va acceptar amb molts compliments. La garsa, tot i que era més aviat desconfiada, va acceptar la voluntat de l'àliga. Què podia fer davant d'un ocell tan poderós?

Els tres ocells, doncs, van sortir a caçar durant tot el dia, i van recórrer camps, feixes, boscos i zones arbrades. Alguns animals van passar una jornada prou dolenta: cries de conill, ratolins, cries d'ocell, ous, tot hi valia. El que s'escapava de les urpes d'un moria sota el bec de l'altre. Quan va arribar el vespre, sota un gran roure, van reunir el seu botí.

—Comare garsa —va dir l'àliga—, tu que hi entens prou per fer els comptes, fes-ne el repartiment.

—Oh, no...! —va dir la maleïda—. Aquest no és el meu fort...

—Doncs, milà, et toca a tu fer el repartiment! —va dir l'àliga.

Molt afalagat, el milà va emprendre la feina. Tot i que no li va ser fàcil, en va fer tres pilots, amb el mateix nombre de cries de conill, ratolins, ocells petits i ous.

—Quina és la meva part? —va demanar l'àliga.

—Tant li fa —va dir el milà—, perquè totes tres són iguals.

—Maleït compte! —es va exclamar l'àliga—. Espècie d'estornell! On has après a dividir? No et moguis d'aquí, que te n'ensenyaré!

L'àliga li va donar un cop de bec al cap tan violent que el milà va caure mort allà mateix.

—Ara només n'hem de fer dues parts —va dir l'àliga a la garsa—. Et toca a tu!

Davant d'una ordre com aquella, la garsa no va poder dir que no. Sense tocar els tres pilots, els va mostrar a l'àliga i li va dir:

—Aquí n'hi ha una part per al vostre bec, una altra per a l'urpa esquerra i la darrera per a la vostra urpa dreta.

—Finalment! —va fer l'àliga, satisfeta—. Tu, com a mínim, saps fer les parts. Com a recompensa, et dono aquest pardal. És veritat que és una mica magre, però no et convé carregar-te massa l'estómac, a tu que t'agrada tant fer saltirons!

L'ÀLIGA I EL REIETÓ

Un dia, els ocells van trobar que la seva vida no era gaire satisfactòria. Cadascú feia el que volia i tothom volia manar. Només un rei els podia aportar una vida millor. Per això els ocells van decidir anar a trobar el Bon Déu i demanar-li que triés un rei.

—Voleu un rei? Doncs el tindreu! Serà el que sigui capaç de volar més amunt.

El Bon Déu va organitzar el concurs. Va triar el dia i el lloc, una gran clariana enmig del bosc, on va convocar els ocells.

El dia convingut hi eren tots, saltant d'impaciència. Es podria pensar que la situació era perfecta i que tots volien ser els reis. N'hi havia de totes les talles i colors i cap no va faltar a la crida: el falcó, l'aligot, el milà, el voltor, la grua, la becada, el bernat pescaire, l'òliba, la cigonya, la cadernera, el tallarol, el rossinyol i tots els altres.

Entre tots ells, l'àliga pensava que la feina de rei feia per a ella. D'altra banda, estava segura que guanyaria.

"Soc la més potent del ocells, les meves ales són les més grosses. Jo soc l'ocell que sense cap esforç volarà més alt", es deia mirant els altres ocells amb condescendència.

—Tothom està preparat? —va demanar el Bon Déu—. Així doncs, endavant!

Va picar de mans i tots els ocells van emprendre el vol. El cel es va omplir de cop i volta de batecs d'ales. Mai no s'havia vist una barreja semblant. Cadascú ho feia el millor que podia amb les ales que tenia, tant li feia si eren grosses, petites, estretes, amples, llargues o curtes.

Però de seguida la meitat dels ocells, cansats, va decidir deixar-ho córrer i fer marxa enrere. Més endavant altres van anar renunciant a mesura que anaven guanyant altura. Finalment, només l'àliga pujava, seguia pujant, guanyava ja tots els altres. Fins i tot va travessar els núvols i es va trobar a l'altre costat, allà dalt, sola per sobre de tothom. S'ho va ben creure, perquè es va posar a cridar que havia guanyat:

—Jo soc el rei! Jo soc el rei!

Però, carai, quina sorpresa! Un crit molt suau es va deixar sentir, "srrriii-srrriii...", una mica més amunt que ella.

—Mentidera! El rei soc jo: mira on soc!

Qui cridava d'aquesta manera era un ocell minúscul, amb un plomatge discret, més petit que la punta del dit gros, amb unes ales petitones. Hauríeu dit que amb la mida i la força que tenia era incapaç de volar tan amunt, en qualsevol cas no tan amunt com els altres ocells, i encara menys que fos capaç de guanyar l'àliga.

Però, malgrat tot, tenia moltes ganes de ser el rei en comptes de l'àliga, que seria dura, dolenta i implacable amb el poble dels ocells. El seu cap era petit, però el seu esperit era viu. Va tenir la idea de posar-se sobre el cap de l'àliga. Era tan petit que aquesta ni se n'adonaria. Per aquesta raó, quan l'àliga va arribar al lloc més alt del cel i es va posar a planar assaborint i clamant la seva victòria, el petit ocell es va posar coratjosament sobre el cap de l'àliga i va fer el seu crit "srrriii, srrriii..." una mica per sobre del gran ocell.

L'àliga va tenir una decepció tan gran que es va deixar caure a terra com si fos una pedra.

El Bon Déu va declarar rei l'ocell petitó. Per marcar la seva reialesa, li va posar sobre el cap una taca de color de foc que li feia com una corona.

Però era tan petit que tothom l'anomenava *el reietó*.

DE LA TRUCULÈNCIA

PER QUÈ LES CRIATURES NO CAMINEN QUAN VENEN AL MÓN?

Una vegada hi havia dues dones que xerraven entre elles. Cadascuna tenia una criatura als braços. No deixaven de queixar-se.

—És una pena que sempre hàgim de portar les criatures a coll quan són petites. Haurien de néixer sabent caminar.

—Tens tota la raó! Hauríem de fer una reclamació al Bon Déu.

—Bona idea! I si li escrivíssim?

—Però no sabem pas escriure!

—Bé, anirem a veure el mestre de l'escola.

I tal dit, tal fet. Van anar a casa del mestre de l'escola i li van demanar si podia escriure'ls una petició al Bon Déu. S'hi va avenir, si li pagaven la feina.

Van sortir tots tres al pati de l'escola, sota un til·ler, lluny de les orelles indiscretes dels infants. Va redactar la petició al Bon Déu perquè les criatures vinguessin al món sabent caminar.

Quan la petició va ser feta i signada, calia trobar algú capaç de dur-la al Bon Déu. Però ningú no se'n volia encarregar. La discussió s'allargava molt. Però sobre el til·ler hi havia parat un aligot que ho havia sentit tot.

—Si voleu, ja la hi duré jo mateix —va proposar.

Les dones hi van estar d'acord. Van donar la petició a l'aligot, que va emprendre el vol amb el paper. Aquest va arribar fins a la casa de sant Pere. Li va explicar que li duia una petició per transmetre-la al Bon Déu. Sant Pere va agafar el paper i va marxar. Una mica més tard, quan va tornar, va dir a l'aligot que el Bon Déu no hi era en aquell moment i que havia de tornar l'endemà.

—Doncs fins demà —va dir l'aligot.

L'endemà va tornar, tal com havien quedat. Aquest cop, sant Pere va donar la petició al Bon Déu i va tornar amb una resposta per a l'aligot. Aquest va emprendre el vol i va dur la resposta al mestre d'escola, que va fer cridar les dones. Assegut entre totes dues, els va llegir la resposta. El Bon Déu havia escrit que accediria a la seva demanda amb la condició que mai més no dormissin amb els seus marits.

—Oh! Aquesta sí que no me l'esperava! Que s'ho faci mirar! —va dir una.

—Jo prefereixo portar els petits a coll —va dir l'altra.

Aleshores, l'aligot va exigir el pagament del seu servei. Però les dones no en volien saber res:

—Com que ens has dut una notícia tan dolenta, no et donarem res!

—Essent així, ja veureu què faig amb les vostres cries!

Sembla que avui dia l'aligot s'ha oblidat una mica d'aquesta història, perquè actualment no caça criatures als patis de les cases.

L'OCELL I LA CAGARADA

Una vegada hi havia un pobre ocellet mort de fred en una branca. Un home que passava per allà va veure l'ocell, li va fer pena, el va agafar amb cura i se'l va ficar dins la camisa perquè s'escalfés. En veure una cagarada calenta, va posar l'ocell a dins i l'hi va deixar. Aleshores l'ocell se sentia bé, allò era tou, càlid... Quan es va sentir recuperat, va aixecar el cap ben alt i es va posar a cantar amb totes les seves forces. En aquell moment passava una guilla, que va sentir l'ocellet. El va agafar i se'l va menjar enmig del camp.

De fet, hi ha tres morals en aquesta història. La primera és que la persona que us fica dins una m... no sempre us vol mal. La segona és que qui us en treu no sempre us vol bé. I la tercera és que, mentre sou enmig de la m..., no val la pena posar-se a cantar...

L'OCELL QUE TENIA SON

Una vegada hi havia un ocellet que tenia molta son, però que no podia adormir-se. Va anar a trobar l'herba seca i li va demanar:

—Herba seca, si us plau, bressola'm perquè em pugui adormir.

—No pot ser! Has vist quina hora és? Ara dormo. Espavila't —va respondre l'herba seca,

—No em vols bressolar? Doncs en aquest cas aniré a veure la cabra.

—Cabra, si us plau, menja't l'herba seca, que no em vol bressolar perquè em pugui adormir.

—No pot ser! Has vist quina hora és? Ara dormo. Espavila't.

—No vols menjar-te l'herba seca? Doncs me'n vaig a veure el llop.

—Llop, si us plau, menja't la cabra, que no es vol cruspir l'herba seca, que no em vol bressolar perquè em pugui adormir.

—No pot ser! Has vist quina hora és? Ara dormo. Espavila't.

—No et vols menjar-te la cabra? Aniré a veure el poble.

—Poble, si us plau, mata el llop, que no es vol menjar la cabra, que no es vol cruspir l'herba seca, que no em vol bressolar perquè em pugui adormir.

—No pot ser! Has vist quina hora és? Ara dormo. Espavila't.

—No vols matar el llop? Aniré a veure el foc.

—Foc, si us plau, crema el poble, que no vol matar el llop, que no es vol menjar la cabra, que no es vol cruspir l'herba seca, que no em vol bressolar perquè em pugui adormir.

—No pot ser! Has vist quina hora és? Ara dormo. Espavila't.

—No vols cremar el poble? Aniré a veure el riu.

—Riu, si us plau, ofega el foc, que no vol cremar el poble, que no vol matar el llop, que no es vol menjar la cabra, que no vol cruspir-se l'herba seca, que no em vol bressolar perquè em pugui adormir.

—No pot ser! Has vist quina hora és? Ara dormo. Espavila't.

—No vols ofegar el foc? Aniré a veure el toro.

—Toro, si us plau, empassa't el riu, que no vol ofegar el foc, que no vol cremar el poble, que no vol matar el llop, que no es vol menjar la cabra, que no es vol cruspir l'herba seca, que no vol bressolar-me perquè em pugui adormir.

—No pot ser! Has vist quina hora és? Ara dormo. Espavila't.

—No et vols empassar el riu? Aniré a veure el bastó.

—Bastó, si us plau, pega el toro, que no vol empassar-se el riu, que no vol ofegar el foc, que no vol cremar el poble, que no vol matar el llop, que no es vol menjar la cabra, que no vol cruspir-se l'herba seca, que no em vol bressolar perquè em pugui adormir.

—No pot ser! Has vist quina hora és? Ara dormo. Espavila't.

—No vols pegar el toro? Aniré a veure el cuquet.

—Cuquet, si us plau, rosega el bastó, que no vol pegar el toro, que no vol empassar-se el riu, que no vol ofegar el foc, que no vol cremar el poble, que no vol matar el llop, que no es vol menjar la cabra, que no vol cruspir-se l'herba seca, que no vol bressolar-me perquè em pugui adormir.

—No pot ser! Has vist quina hora és? Ara dormo. Espavila't.

—No vols rosegar el bastó? Aniré a veure el gall.

Va ser just en aquell moment que el sol es va aixecar i el gall va cantar.

—Quiquiriquic! És dur, això de començar la jornada. Em menjaria un cuquet per esmorzar.

—Oh, doncs abans que te'm mengis, prefereixo rosegar el bastó —va dir el cuquet.

—Oh, doncs abans de ser menjat, prefereixo pegar el toro —va dir el bastó.

—Oh, doncs abans des ser pegat, prefereixo empassar-me el riu —va dir el toro.

—Oh, doncs abans que te m'empassis, prefereixo ofegar el foc —va dir el riu.

—Oh, doncs abans de ser ofegat, prefereixo cremar el poble —va dir el foc.

—Oh, doncs abans que em cremis, prefereixo matar el llop —va dir el poble.

—Oh, doncs abans que em matin, prefereixo menjar-me la cabra —va dir el llop.

—Oh, doncs abans que se'm mengin, prefereixo cruspir-me l'herba seca —va dir la cabra.

—Oh, doncs abans que se'm cruspeixin, prefereixo bressolar l'ocellet —va dir l'herba seca.

Quan l'herba va anar a bressolar-lo, l'ocellet li va dir:

—No pot ser! Has vist quina hora és? Ara ja no dormo.

ELS OCELLS DE LA JUSTÍCIA

TANAKRA I L'ÒLIBA

L'òliba anava tan peluda i despentinada que li deien *la Despentinada*. Mai de la vida no s'havia allisat el plomatge, mai no havia netejat el seu niu, que desbordava desordre i brutícia pertot arreu. Feia una pudor que espantava!

Un dia, es va trobar un ocell de maresma que es deia Tanakra i el va convidar a casa seva. Quan en Tanakra va arribar i va passar la punta del seu bec per la porta d'entrada del niu de l'òliba, va fer tres passos enrere i va cridar:

—Ecs! Quin horror! No pot ser, mai de la vida entraré allà dins. Fa molta pudor! I quin desordre! Vine a veure casa meva i t'adonaràs de com s'han de tenir les cases.

L'Òliba no s'ho va fer repetir. De fet, era el que estava esperant. Així és que van anar cap a la casa d'en Tanakra, al costat de l'aigua. Era un bon niu de canyes, entapissat d'algues i d'herbes seques, una veritable joia. S'hi estava tan bé! Sobretot l'òliba. I com que era de dia, pràcticament en el mateix moment es va adormir.

Només es va despertar quan ja queia la nit, va fer la seva volta nocturna i no va tornar fins l'endemà al matí i es va adormir de nou. Endreçar la casa i buscar aliments no era pas la seva especialitat. Era en Tanakra qui se n'ocupava. Aquesta situació va durar un temps, fins al dia que en Tanakra ja en va tenir prou.

—Òliba, et podries moure una mica, anar a buscar alguna cosa per menjar, per exemple.

—Mmmm... El sol pica massa... Deixa'm dormir! —va grunyir l'òliba, que havia obert un ull però que el va tornar a tancar immediatament.

L'endemà, en Tanakra, fora de si, va tornar a la càrrega:

—Desperta't! Vinga, mou-te! Mal pentinada, gandula, surt d'aquí!

—Deixa'm en pau! —va respondre l'òliba, furiosa—. Si no et va bé, fot el camp.

—Què? —va contestar en Tanakra—. Aquesta és casa meva, ets tu qui ha de marxar.

Però l'òliba es va tornar cada cop més amenaçadora i va acabar fent fora el pobre Tanakra. No va ni gosar tornar a casa seva, de la qual l'òliba s'havia apoderat. En Tanakra va rondar pels aiguamolls, planyent-se, picant alguna cosa per aquí o per allà, passant les nits com podia sota una branca de salze.

Fins que un dia va passar una àliga.

—Àliga, l'òliba s'ha instal·lat a casa meva i m'ha fet fora. Si us plau, et demano que miris de fer-la fora. Si ho aconsegueixes, et donaré tres collarets i quatre llagostes.

—No passis ànsia, ara mateix hi vaig —li va respondre l'àliga.

I hi va anar, va posar el seu bec a l'entrada i va demanar:

—Qui hi ha a la casa d'en Tanakra?

I llavors va sentir una veu terrible:

Soc l'òliba del llac,
tinc la barba al bec,
el tro dins el pit.
Si miro cap al cel, cau.
Si estossego, la terra tremola.
Si bufo, l'aigua vola.
Si entres, te m'empasso.

Aterrida, l'àliga va tornar a veure en Tanakra:

—L'òliba fa tremolar la terra i volar l'aigua... No hi tinc res a fer, és massa forta.

En Tanakra es va adreçar al bernat pescaire:

—Si et plau, bernat, et demano que vagis a caçar l'òliba, que no vol sortir de casa meva. Si ho fas, et donaré tres collarets i quatre llagostes.

—Res més fàcil. Hi vaig —va respondre el bernat pescaire.

Quan va arribar al davant de la casa d'en Tanakra, va cridar:

—Qui hi ha a la casa d'en Tanakra?

I va sentir una veu terrible:

Soc l'òliba del llac,
tinc la barba al bec,
el tro dins el pit.
Si miro cap al cel, cau.
Si estossego, la terra tremola.
Si bufo, l'aigua vola.
Si entres, te m'empasso.

El bernat pescaire, aterrit, va tornar a veure en Tanakra:

—L'òliba fa tremolar la terra i volar l'aigua. No hi tinc res a fer, és massa forta per a mi. Busca't algú altre.

En Tanakra estava cada cop més trist. Va demanar el mateix a altres ocells que ni tan sols s'hi van voler amoïnar. Anava per la maresma lamentant la seva situació. Estava completament enfonsat quan va arribar Tsirana, el colibrí.

—Què et passa, Tanakra? Alguna cosa no acaba de funcionar?

—L'òliba és a casa meva i no en vol marxar. Ningú la vol fer fora. No em vol tornar casa meva. Si hi vaig, em matarà. T'ho prego, Tsirana, ves-hi... Si aconsegueixes que marxi, et donaré tres collarets i quatre llagostes.

—D'acord, hi vaig —va respondre en Tsirana.

Quan va arribar davant de la casa d'en Tanakra, va cridar:

—Qui hi ha a la casa d'en Tanakra?

Va sentir una veu terrible:

Soc l'òliba del llac,
tinc la barba al bec,
el tro dins el pit.
Si miro cap al cel, cau.
Si estossego, la terra tremola.
Si bufo, l'aigua vola.
Si entres, te m'empasso.

En Tsirana no va dubtar ni un moment a entrar dins la casa d'en Tanakra, es va enganxar a les plomes de l'òliba i la va pessigar amb el seu petit bec. L'òliba prou que es va defensar, saltar, gesticular, però no se'n pogué desfer. Va obrir el bec i va cridar hu... hu... hu..., i en Tsirana va aprofitar per saltar-li al coll i estrangular-la. Va tornar a fer saber la bona nova a en Tanakra i va reclamar la recompensa que aquest li havia promès.

—De seguida t'ho vaig a buscar —va dir en Tanakra, tot content.

Va anar a buscar els regals i els va embolicar amb molta cura dins petits papers. En Tsirana es va emportar els paquets sense desembolicar-los. Un cop a casa seva, els va obrir i va descobrir que hi havia quatre llagostes, però que en lloc dels collarets hi havia tres granotes! De seguida va anar a trobar en Tanakra, furiós.

—Explica'm com és que em vas prometre tres collarets i només hi he trobat tres granotes!

—Però si les granotes són molt millors que els collarets! Te les pots menjar i són molt bones —va afirmar en Tanakra.

—Com? Les granotes són les meves amigues, no me les vull pas menjar. Dona'm els meus collarets —va reclamar en Tsirana.

—T'equivoques de cap a cap. Les granotes a la paella són suculentes... —va respondre en Tanakra, irònicament.

—Trampós, no eres pas tan valent quan tremolaves davant de l'òliba que t'havia tret de casa! —va cridar en Tsirana—. Te l'he treta de sobre, i ara t'atreveixes a enganyar-me. Doncs queda't a casa teva. D'ara endavant ningú més t'ajudarà.

Des d'aquell moment, en Tanakra és un ocell solitari de les maresmes: ningú no el vol ni veure ni parlar amb ell.

L'OCELL DE LA TEMPESTA

Fa molt temps, en un poble de la Cabília, hi vivien un home i una dona amb els seus nombrosos fills. Tenien més filles que fills, però no es queixaven. Estimaven igualment els uns que les altres.

Cadascú tenia el seu lloc dins la família. El pare conreava els camps, la mare s'encarregava de les moltes tasques de la casa, els fills ajudaven el pare, portaven els animals a pasturar o, segons la força que tinguessin, portaven el que havien recollit. Les noies ajudaven la seva mare, anaven a buscar l'aigua a la font del poble i feien galetes.

L'alegria i la joia regnaven en aquesta casa. Es menjava tant com es volia d'uns aliments simples i bons. Tothom al poble i a la regió lloava els membres d'aquesta família per la seva dolçor, bon rotllo i bondat. Si un rodamon passava i demanava caritat en nom de Déu, un dels nens sortia amb un bol ple del que tenien, potser pa, o una galeta, un plat de llegums o un tros de xai.

Una vesprada d'hivern, va esclatar una tempesta terrible. Tothom es va refugiar dins de casa. Era l'hora de sopar. Enmig del soroll dels trons es podia sentir la veu d'un rodamon:

—Una caritat, per amor de Déu, gent de bona voluntat —cridava.

Yamina, la més jove de les filles, va sortir immediatament enmig de la tempesta amb un bol ple del cuscús fumejant al voltant del qual s'havia reunit la família. Va donar el bol al rodamon, a qui amb prou feines distingia, de tan fosc com era el cel. De seguida, el rodamon va deixar el bol fumejant al llindar de la porta, va agafar la noia, se la va carregar a l'esquena i se l'emportà enlaire. Va fer un llarg vol enmig de la nit, com si fos un ocell, mentre agafava la noia amb fermesa. Finalment la va deixar en un lloc fosc, li va donar menjar i beure i li va dir, sempre enmig de l'obscuritat total:

—T'he dut fins aquí perquè ets bona. En cap moment no has dubtat a sortir enmig de la tempesta per dur-me menjar. Ara mateix, ets al paradís. Pots sentir aquest anell que et poso al dit? Només l'has de girar i en un moment tindràs tot el que desitgis. Viuràs en un palau, et podràs passejar per un jardí ple de flors i de fruits olorosos. Cada vespre, jo vindré a veure't. Un petit corrent d'aire et farà saber que he arribat. Però només dormiré al teu costat enmig de l'obscuritat, i d'aquesta manera no em podràs veure. Per culpa d'una maledicció que m'ha llançat un ésser malfactor, em veig obligat a ser invisible per a tu fins que arribi el dia que se'm retiri la maledicció. Al matí marxaré abans que et despertis. Et cuidaré i em podràs demanar tot el que desitgis. Amb aquestes condicions, acceptes quedar-te amb mi?

La Yamina només era una criatura i no va acabar de comprendre tot el que li havia dit.

—Jo em dic Yamina. Però tu, que no et puc veure, com et dius?

—Anomena'm *Ocell de la Tempesta* —va respondre la veu.

—Està bé —va dir la Yamina.

Aleshores, la Yamina tenia tanta son que es va adormir de seguida. Es va despertar en un llit immens amb llençols de seda i amb un coixí tou. Una dolça llum entrava per la finestra i inundava una habitació magnífica. Un bon esmorzar l'estava esperant: galetes, mel, llet, pastissets i tota mena de fruites posades en plats de plata. La seva boca no havia tastat mai res de tan exquisit. Hi havia robes de colors, mocadors i braçalets sobre un divan. Després de dubtar-ho molt, va acabar triant un vestit del color del safrà.

La Yamina va visitar de seguida un palau on les habitacions —si l'una encantadora, les altres encara més— estaven totalment desocupades. Va sortir i es va trobar en un jardí meravellós. Allà hi havia totes les flors que era capaç d'imaginar-se en els seus somnis de criatura i dirigien les seves corol·les perfumades cap a ella. A l'hort, els albercocs, els préssecs, les maduixes, les groselles, les pomes, els dàtils, les figues, les avellanes i tot d'altres fruites que no coneixia penjaven de les branques dels arbres i estaven en el punt perfecte de maduresa. Les va tastar totes. Ocells d'un plomatge radiant cantaven pertot arreu. De descoberta en descoberta, el dia li va passar com en un somni. Era ben bé el paradís terrestre, per a la Yamina, que finalment es va adormir, com si fos una petita taca groga al peu d'un roser. Quan va obrir els ulls de nou, va tornar al palau, amb els braços carregats de flors. Un pica-pica l'esperava amb tota mena de pastissos, mantega i confitures.

"Si com a mínim els meus pares, els meus germans i germanes poguessin veure tot això...", pensava.

Al vespre, quan ja era ben fosc, mentre era al llit, va sentir un vent lleuger, i després un esbufec al seu costat:

—Yamina, tens tot el que necessites? No et falta res? Digues-m'ho.

—Tinc tot el que puc desitjar —va dir mentre l'envaïa la son.

Van passar anys i panys. La Yamina ara ja era una mossa jove, bella com la lluna enmig del cel. S'havia convertit en l'esposa de l'Ocell de la Tempesta. Però ja no trobava cap plaer a recórrer un palau i un jardí que coneixia de sobres. Somniava el seu pare, la seva mare, els seus germans i les seves germanes, que feia tant temps que no veia. Se sentia tenallada per unes ganes terribles de tornar-los a veure. De tant en tant trobava a faltar casa seva, l'olor de l'oli, l'escalfor del foc. Tenia a la boca el gust del cuscús o de les *banyes de gasela*[1] que preparava la seva mare. Cada vespre, algunes llàgrimes amargants mullaven el seu llit massa gran.

Durant molt de temps, l'Ocell de la Tempesta no es va adonar de l'enyorament de la noia. Però un vespre, mentre era al seu costat, la va sentir plorar:

—Yamina, gasela meva, què et passa? Que et falta alguna cosa? No en tens prou amb la nostra felicitat?

—No he vist la meva família des de fa anys. La trobo a faltar. Vull tornar a casa meva.

—Aquesta mateixa nit hi anirem —li va dir l'Ocell—. Et portaré a casa dels teus pares. Et podràs quedar amb ells i tornar a estar amb els teus germans i germanes, a casa teva, al teu país, durant trenta dies. Després tornaré a recollir-te.

Les potents ales de l'Ocell van agafar la Yamina, que, just a l'albada, va ser deixada amb molt de compte davant de la casa dels seus pares. Es va quedar allà respirant les olors de la nit, escoltant les esquelles que sentia a l'estable del seu pare, sentint de nou la vida de la casa. Però encara era fosc, i tothom dormia. Sabia que ben aviat els seus pares sortirien amb motiu de la primera pregària del matí. Es va esperar davant de la porta. Finalment van sortir i van trobar la seva filla, que havia desaparegut feia tant temps aquell dia de la tempesta. Havia canviat tant! Ara era tota una doneta, vestida amb roba elegant. Va respondre les seves preguntes i els seus dubtes:

—El rodamon era l'Ocell de la Tempesta. Se'm va endur al seu reialme, el paradís terrestre. Ara és el meu marit. Però us trobava a faltar i he aconseguir que em deixés pas-

[1] Producte típic de la cuina marroquina que es fa amb farina, ous, mantega, ametlles i sucre.

sar trenta dies amb vosaltres. Després l'Ocell de la Tempesta tornarà a recollir-me.

Els dies i les setmanes següents van ser meravellosos per a la Yamina. Va redescobrir tota la seva infantesa, l'aigua de la font, els camins de la muntanya, i es passava llargues hores, sobretot a la nit, xerrant amb les seves germanes. Ni un sol segon va trobar a faltar el seu marit, ni el paradís terrestre, ni tan sols hi va pensar. El temps va passar tan de pressa que va arribar el moment en què faltava ben poc perquè marxés. Les seves germanes li van demanar:

—És sorprenent, però mai no ens has parlat del teu marit. Com és? És gros, petit, blanc de pell o negre com el banús, maco com un príncep o lleig com un *djinn*?[2] Explica'ns-ho.

—No en sé res, no l'he vist mai —va confessar la Yamina.

Ella els explicà la maledicció que pesava sobre l'Ocell de la Tempesta i que, en casar-se amb ell, havia fet la promesa de no intentar mai veure'l mentre el malefici no li fos retirat.

—Com? No ens vols pas dir que et creus aquestes bajanades... —es van exclamar les seves germanes—. Això és inconcebible! Ets ben figaflor. Enginya-t'ho per veure el teu marit sense que se n'adoni. Amaga una espelma encesa dins un pot i obre'l mentre dormi, i ja ho tindràs.

La Yamina va rebutjar fer-los cas. Quan passava pel davant de la cort, els animals, la vaca, el xai, la cabra i l'ase, li deien:

—Les teves germanes seran la teva perdició! Les teves germanes seran la teva perdició!

El dia de la seva partida, les seves germanes van posar una espelma entre la seva roba. Aquell vespre, va esclatar

[2] Esperit de la mitologia àrab.

una tempesta com la d'aquell dia. Enmig del soroll, la veu del rodamon encara va cridar:

—La caritat de Déu, gent de bona voluntat!

La Yamina estava preparada. Es va reunir de nou amb el seu marit, que se la va endur al seu regne a través del cel. Es va despertar dins la seva cambra i va trobar de nou tot el que hauria d'haver estat el seu paradís terrestre. Però se sabia totes les cambres de memòria, totes les riqueses del seu palau. Passejava errabunda pel seu jardí, on coneixia cada flor, cada arbre, cada ocell. Ja havia recorregut tots els racons del camí.

Les paraules de les seves germanes li tornaven a la memòria. Ara sabia la causa de la seva enyorança. Durant molt de temps va resistir-s'hi, perquè havia fet una promesa. Es debatia entre les ganes de veure finalment la cara del seu marit i la promesa que li havia fet. Fins que un vespre ja no va poder més. Va col·locar l'espelma de les seves germanes dins un vas preciós, la va encendre, va deixar el vas a la seva cambra, a prop del llit, i hi va posar un plat al damunt. Es va mantenir desperta. Al vespre, la dolça brisa va anunciar el retorn del seu marit. Només passar el llindar de la porta, la Yamina va aixecar el plat que tapava el vas. Es va sentir un soroll terrible. Un vent fred va fer caure el vas, va apagar l'espelma i va glaçar la Yamina, que va ser duta enmig de la tempesta i es va trobar enmig d'un bosc fosc i fred. Va sentir la veu alhora espantosa i trista del seu marit:

—Yamina, has trencat el nostre pacte. No has volgut escoltar els animals, que et deien: "Les teves germanes seran la teva perdició!". Per haver volgut veure la meva cara, has perdut la meva presència i a mi completament. Ara t'haig de deixar per sempre més. Ja no em tornaràs a veure mai més. Torna amb els teus per dur la teva vida de fa anys.

Ella es va posar a plorar i a suplicar, el seu marit la va abraçar una vegada més i, amb les seves grans ales, la va dur volant i la va deixar com si fos un drap davant de casa dels seus pares.

Va viure allà la resta de la seva vida, perquè fins i tot després de la mort dels seus pares i la marxa dels seus germans i germanes havia estat condemnada a quedar-se per sempre més dins aquella casa.

Sovint mirava el cel. A cada tempesta, el seu cor se li esvalotava dins el pit. Però mai dels mais l'Ocell de la Tempesta no va tornar a buscar-la.

L'OCELL DEL LLAC BALA

Si un dia passeu per Bala, veureu una magnífica ciutat adossada a la muntanya. Abans, aquesta ciutat es trobava al fons de la vall. Ara us explico el que va passar.

En aquells temps, un comte molt ric i poderós regnava a Bala. Tenia una única filla que estava enamorada. Però no estava enamorada d'un comte o d'un príncep, sinó d'un pastor certament molt guapo, però també molt pobre. Una vegada se'l va trobar a la ciutat.

Pel que fa al pastor, estava tan enamorat de la filla del comte com us pugueu imaginar, fins al punt que un dia es va presentar per fer la seva petició.

Veient que només era un pastor i que no tenia, com es diu, ni un duro, el comte va engegar el pastor dient-li que la seva filla seria seva el dia que li portés un sac de monedes d'or, fet que el comte considerava completament impossible que passés.

El pastor va tornar a la muntanya amb el cor ben trist. Trist, sí, però no desesperat! Es va dir que havia de trobar una manera d'omplir un sac d'or. I aleshores va recordar que el dia abans havia sentit dir a algú de la ciutat que el recaptador d'impostos passaria l'endemà amb tot el que havia recollit durant la setmana. El pastor es va col·locar en el moment oportú enmig d'uns boixos, just per on havia de passar el recaptador d'impostos. El va matar i li va prendre tot el que transportava.

L'endemà, el pastor va dur al comte un sac ple de monedes d'or. Aquest, atrapat per la seva paraula, va veure's obligat a deixar casar la seva filla amb el pastor. Van celebrar unes grans noces, opulentes i felices. Al vespre, els acabats de casar eren a la finestra de la seva nova casa. Un gran ocell volava i rodava davant d'ells, mentre cridava:

—La venjança arribarà! La venjança arribarà!

Un calfred va recórrer l'espinada del pastor, i també la de la seva dona. Perquè heu de saber que ell li havia confessat d'on procedia l'or que havia permès el seu casament. Immediatament, un altre ocell va passar i va demanar al primer:

—Quan vindrà la venjança?

—A la novena generació —li va respondre el primer ocell.

Això va alleujar els dos joves.

—Si és a la novena generació, ja farà molt temps que nosaltres serem morts i enterrats.

Així que van emprendre la seva nova vida, sense problemes i pròspera, sense cap remordiment. L'antic pastor es va convertir més endavant en el senyor de Bala. Van tenir molts fills, que també en van tenir molts. Les generacions s'anaven succeint.

Es diu que l'antic pastor, el senyor de Bala, es va fer tan vell que va arribar a veure com naixia el primer dels seus descendents de la novena generació. Ja feia molt temps que tant ell com la seva dona havien oblidat l'amenaça de venjança. Van fer una gran festa amb motiu del naixement d'aquesta criatura, i van convidat tots els habitants de la ciutat, tant si eren rics com si eren pobres.

Ara bé, en aquell precís moment, a la muntanya, hi havia una persona que tocava l'arpa, que era un dels descendents del recaptador d'impostos de la novena generació. Ho ignorava completament, segur, i s'hauria sorprès de saber-ho, perquè era tan pobre com Job en el moment de néixer. Per tota riquesa, només tenia l'arpa i la seva capacitat de tocar-la. Sabent que hi hauria molta gent al castell amb motiu d'aquest casament, va pensar que potser algú necessitaria el seu talent. Així és que es va carregar la seva arpa a l'esquena i va baixar cap a Bala. Durant el camí, un ocell es va posar sobre la seva espatlla. Molt astorat, el jove li va demanar:

—Què passa, ocellet? Què vols?

—Al castell, et demanaran de tocar música. Escolta'm bé. Tocaràs unes àries alegres fins a mitjanit. Després, només tocaràs l'ària de les queixes. En aquell moment seré amb tu i ja et diré què hauràs de fer.

L'ocell va desaparèixer. El jove va continuar el seu camí, amb les paraules de l'ocell en un racó del seu cap. Al castell, tothom estava content de veure'l amb el seu instrument i li van demanar que toqués àries alegres. No es va fer pregar. Va tocar gairebé sense aturar-se. Va ser fastuosament recompensat, li van donar menjar i ben sovint alguna cosa per beure.

A la mitjanit, amb el cap una mica tèrbol, ja havia oblidat completament les paraules de l'ocell quan aquest es va posar a la seva espatlla. De cop se'n va recordar, va canviar bruscament d'estil i va començar a tocar l'ària de les queixes. La gent que era a la festa es va aturar, va callar, sorpresa per les notes queixoses, que transmetien una immensa tristesa, però que al mateix temps eren tan belles. Quan l'ària es va acabar, l'ocell es va posar novament a l'espatlla del músic i li va dir:

—Ara surt tan de pressa com puguis del castell!

El jove va sortir, fent alguna essa. L'ocell li va ordenar que tornés a la muntanya. Sense entendre-ho, el músic va emprendre el camí de manera penosa, acompanyat de l'ocell. Van arribar al cim d'un turó, on l'ocell va emprendre el vol. Completament cansat, el jove es va posar a dormir al costat del camí.

Quan es va despertar, el dia estava naixent. No va ser capaç de trobar la seva arpa. Com que pensava que se l'havia descuidada al castell, va tornar a baixar-hi. Pel camí, el paisatge se li feia estrany. Quan va ser al peu del turó, es va haver de fregar els ulls: no era capaç de veure ni la ciutat de Bala ni el castell. En el seu lloc hi havia un llac immens. I, mirant amb atenció la superfície del llac, va veure que hi surava la seva arpa.

L'ORIGEN DELS MUSSOLS

Abans, els mussols no existien. Vet aquí com van aparèixer.

En Karyo era un pagès avar i vanitós. Es passava el dia treballant al seu hort, protegit per un espès mur de plantes espinoses. Els seus llegums i fruits eren bons, i les seves collites, abundants. Però mai no donava ni un sol dels seus llegums o fruits. Si per desgràcia un altre pagès es queixava d'una mala collita, sempre tenia la mateixa i única resposta:

—Hauries d'haver treballat més!

Un dia, un dels seus veïns, que tot sovint passava gana perquè tenia una família nombrosa, li va dir:

—Quins melons més macos que teniu aquest any!

—Deu ser perquè sé com cuidar-los —va respondre en Karyo.

—I tens molts mangos.

—Deu ser perquè tracto bé l'arbre que els produeix.

—Em podries donar alguns melons?

—Ah, no! El venedor vindrà demà per endur-se'ls tots.

—I els mangos? En tens tants!

—Ni ho somniïs! Ja me'ls he venut abans de collir-los.

El veí, decebut, va tornar a casa seva sense res.

I sempre era d'aquesta manera, en Karyo mai no volia compartir res. Ni la seva saviesa, no compartia. Només tenia una sola i única resposta:

—Jo sé per què aquell va morir. Sé per què la calamarsa va caure al camp d'en Tario. Sé per què el riu ha sortit de mare. Jo sé per què...

Quan li demanaven per què, ell sempre responia:

—Ho sé, i això és tot. Per què t'ho hauria de dir?

L'endemà de la visita del seu veí, cap al vespre, un rodamon es va presentar a la porta de l'hort d'en Karyo. Era molt vell, cobert només amb uns draps, tot encorbat sobre el seu bastó.

—Una caritat, si us plau —va demanar el pobre.

—Segueix el teu camí, que jo no tinc res per a tu.

—Tot i això, aquest matí has venut els teus melons i mangos a un bon preu. Segur que tens una moneda petitona...

—Sembla que sàpigues millor que jo el que tinc —li va etzibar el pagès—. Segueix el teu camí o t'engego els gossos.

—Series capaç de fer-ho?

—Per què no? —va renyar-lo encara més fort el pagès.

Va obrir la boca amb la intenció de cridar els seus gossos, però, sorpresa!, no va poder emetre cap so. El pagès tampoc no va poder fer ni un sol gest. I s'anava fent petit, fins al punt que es va tornar no més alt que tres mangos! El seu cap es va arrodonir, els seus ulls es van engrandir i es van tornar fixos. La seva boca es va transformar en un bec tort, es va cobrir de plomes i els braços se li van transformar en ales.

—Home avar i vanitós —va dir el rodamon—, d'ara endavant seràs un ocell amb un cap semblant al d'un home. Només sortiràs a la nit per buscar el teu aliment. Tothom fugirà de tu, ningú t'estimarà, ni els homes ni els animals.

D'ençà de llavors, molta gent té por dels mussols. Algunes persones antigament fins i tot arribaven a clavar-los a les portes de les granges. Però ara, els pagesos se'ls estimen, perquè es mengen els ratolins, els talps i les musaranyes dels camps i les cases.

ELS DOS REIS I EL CIGNE

Una vegada, a l'Índia, hi havia un rei que es deia Karan. Havia promès que mai no esmorzaria abans d'haver fet distribuir 100 quilos d'or al seu poble. D'aquesta manera, cada matí, els servents del rei portaven paners sencers davant les portes del palau i distribuïen els 100 quilos d'or.

Tant els pobres com els rics s'havien acostumat a aquesta distribució providencial. I cada matí una massa de gent es congregava a les portes del palau.

Per molt grans que fossin les fabuloses riqueses que contenia el tresor del palau, la gent era conscient que arribaria un dia en què s'exhaurririen i el rei es moriria de gana. Però aquell dia no acabava d'arribar mai. Cada matí, els 100 quilos d'or eren allà, a les portes del palau, i els súbdits del rei sempre veien el seu sobirà igual de gras. Segur que hi havia alguna cosa màgica, en aquest tema. I això és el que passava.

Cada matí, tan bon punt es llevava, el rei Karan pujava al cim d'un turó que hi havia a prop del palau i s'adreçava a la casa d'un iogui molt vell que alhora era un mag totpoderós. Aquest iogui sempre es despertava amb una gran fam. I el que més desitjava era menjar-se el rei Karan després de fer-lo fregir en oli bullent. Cada matí, una gran marmita d'oli estava preparada, el foc encès a sota i, quan el rei es presentava, ell saltava immediatament dins la marmita. Quan estava ben fet, al seu punt, ben daurat i cruixent, el iogui se'l menjava amb delit i xuclava un per un tots els seus ossos.

Ara bé, ja sabem que aquest iogui també era un gran mag. De fet, ell i el rei Karan havien fet un pacte.

Havien acordat que el iogui, després d'haver-se menjat el rei, en recolliria tots els ossos, reconstituiria el seu cos i el faria retornar a la vida, fresc com una rosa. El iogui s'espolsava llavors les seves velles vestimentes, brutes i esparracades, i una gran quantitat de peces d'or pur queien de les seves butxaques. Els servents del rei en recollien només 100 quilos cada vegada. Després el rei tornava a baixar al seu palau, content, amb l'esperit ple de pau i amb la tranquil·litat de qui sap que ha complert el seu deure. Llavors, els seus vassalls el veien que esmorzava amb una gran gana a la terrassa del palau, content de poder començar una nova jornada.

L'endemà tot passava exactament de la mateixa manera. El pacte entre el rei i el iogui era equilibrat. És cert que per al rei no devia ser gaire agradable cada matí ficar-se dins l'oli bullent, però el goig de poder distribuir l'or al seu poble ja li feia el pes. Per la seva banda, el iogui podia menjar cada dia i després passava una jornada prou agradable.

Tot i això, un dia, el curs regular d'aquesta història es va pertorbar. Ara veureu per què.

En aquell país hi havia un llac immens que era el punt de trobada de molts cignes salvatges que hi anaven a menjar. Però aquests cignes només menjaven perles.

Un any va arribar la fam, perquè les perles eren rares. Llavors, una parella de cignes va decidir abandonar el llac i anar a viure a un altre lloc. Després de moltes tribulacions, un dia la parella va aterrar al jardí del palau d'un altre rei, que es deia Vikramajit. El jardiner els va veure, els va dur gra, herbes, cucs, però els dos ocells refusaven tot el que se'ls donava.

El jardiner va anar a explicar al rei que dos cignes havien triat el seu jardí com a casa, però que rebutjaven qualsevol mena d'aliment. El rei Vikramajit va decidir que els aniria a veure. Va quedar meravellat de la seva bellesa. Com que el rei coneixia el llenguatge dels ocells, els va demanar per què no volien menjar. Els dos cignes li van contestar que només menjaven perles, únicament perles que no estiguessin perforades.

El rei Vikramajit es va dir que calia que els cignes mengessin costés el que costés, i d'aquesta manera, cada matí, feia que els seus servidors els duguessin un paner ple de perles.

Els cignes es van quedar al jardí del rei, i això el feia sentir bé. Però un dia van trobar una perla foradada dins el paner. Van creure que segurament era senyal que les reserves de perles del rei començaven a esgotar-se i van decidir retornar al llac. Amb gran desesperació, el rei els veia planar per sobre del seu jardí. Cridaven:

—Glòria al rei Vikramajit! Glòria al rei Vikramajit!

Tot el camí van anar cantant la glòria del rei Vikramajit. Un matí, van passar per sobre del palau del rei Karan, just en el moment en què aquest distribuïa el seu or. El rei va aixecar el cap i va poder sentir:

—Glòria al rei Vikramajit! Glòria al rei Vikramajit!

El rei Karan es va sentir terriblement gelós i enfadat, mentre es demanava per què els ocells no cantaven la seva glòria, ell que donava cada matí 100 quilos d'or als seus súbdits. Va ordenar als seus caçadors que capturessin els dos cignes. Els va tancar en una gàbia situada dins el seu palau, i va ordenar que fossin alimentats tan bé com es pogués. Però els cignes no feien altra cosa que aixecar el seu llarg coll i repetir:

—Glòria al rei Vikramajit! Glòria al rei Vikramajit!

El rei Karan va enviar gent a buscar perles. Però els ocells van girar el cap.

—Per què no mengeu? Jo soc tan generós com el rei Vikramajit.

—Tu no ets generós —va dir la companya del cigne—, perquè ets capaç de tancar els innocents, fer la guerra a les dones. El rei Vikramajit ens hauria alliberat.

Tocat on més mal li feia, el rei Karan va decidir ser més generós. Va alliberar la companya del cigne, que de seguida es va envolar i va anar directament al palau del rei Vikramajit i li va explicar que el seu home era presoner del rei Karan.

El rei Vikramajit, que era el més generós dels reis, va enviar l'ocell de tornada a trobar el seu company i va decidir anar a alliberar el cigne. Es va disfressar i va fer-se dir Bikru, i es va posar en camí cap al palau del rei Karan. Va aconseguir que el reclutessin com un dels servidors que repartien l'or. I així no li va costar entendre que, cada matí, el rei Karan anava a casa del iogui i es llançava dins la marmita d'oli bullent, es deixava fregir i després es deixava menjar amb delícia pel iogui abans de tornar a marxar amb 100 quilos d'or.

L'endemà, en Bikru es va aixecar ben d'hora. Va agafar un ganivet, amb el qual es va fer unes grans cicatrius per tot el cos, i hi va posar sal, pebre i espècies per sobre. També va preparar una salsa amb farina de pèsols, grans de magrana i altres aromes, amb la qual es va cobrir tot el cos. Tot plegat el feia patir terriblement, però creia que ja estava preparat per ser cuit. D'aquesta manera, va enfilar-se al turó de pressa, va entrar a casa del iogui, que encara dormia, i es va tirar dins la marmita d'oli bullent. Es va posar a coure i feia una olor tan agradable que va despertar el iogui, que es va aixecar, perquè li semblava que tenia molta gana. Aquell matí, el rei feia una olor especial..., fins i tot se li va fer difícil esperar que en Bikru fos cuit del tot. Va degustar el seu esmorzar com mai abans no ho havia fet. Un cop havia acabat de menjar, va reconstituir el cos d'en

Bikru. I, com que era més aviat miop, es va pensar que era el rei Karan i li va dir:

—Quin gust més bo que teníeu aquest matí! Digueu-me què heu fet per ser tan deliciós. A canvi us donaré tot el que vulgueu.

En Bikru li va explicar que cada matí podria ser deliciós com aquell dia, si el iogui assentia a donar-li els seus vestits.

—No és gens agradable això de saltar a l'oli bullent cada dia. A més a més, després haig de transportar 100 quilos d'or. Seria molt més simple si tingués el vostre vestit al palau.

El iogui estava tan content del seu últim esmorzar que va acceptar. I en Bikru es va endur el vestit màgic del iogui.

Una mica més tard, el veritable Karan va arribar a la casa del iogui com cada dia. Es va estranyar de veure la marmita d'oli endreçada, el foc apagat i el iogui dormint. Fins i tot li va costar despertar-lo. El iogui finalment va obrir els ulls i va veure el rei:

—Qui sou? —li va preguntar, perquè recordem que era miop.

—Soc el rei Karan. Vinc perquè em fregiu, com cada matí.

—Però si ja se us he menjat! D'altra banda, aquest matí éreu especialment ben aromatitzat i saborós —va dir el iogui badallant.

—No podia pas ser jo! —va dir el rei cridant—. Us heu menjat una altra persona!

—Així ho penseu? A mi també m'ha fet la mateixa sensació —va dir el iogui badallant cada cop més fort—. Amb les espècies era veritablement una altra cosa.

—Però és injust! —es va indignar el rei—. Ara se m'heu de menjar igualment!

—Ho sento —li va respondre el iogui—, però ara no tinc gana. No em podria empassar ni una sola bocada més.

—Està bé, però doneu-me el meu or!

—Impossible, l'altre s'ha endut el vestit...

En Karan es va enfonsar quan ho va saber. Va tornar a baixar al palau i va ordenar al seu ministre del Tresor que tragués 100 quilos d'or de les seves reserves i els distribuís entre els seus súbdits. Després va anar a esmorzar, però tenia un sentiment estrany.

L'endemà encara van poder trobar 100 quilos d'or a les arques del rei, però el dia següent el ministre es va inclinar molt davant del rei per anunciar-li que ja no quedava ni un sol gram d'or al palau. El rei va tornar-se pàl·lid. No va voler esmorzar ni dinar. Davant del palau, els seus súbdits gesticulaven i protestaven: era vergonyós fer-los esperar d'aquella manera!

El rei Karan es va ficar al llit, sense menjar, fidel a la seva promesa. S'anava aprimant. El rei Vakramajit va anar a fer-li una visita i li va dir que tothom entendria que acceptés alimentar-se. Però el rei Karan no se'l volia escoltar. Davant seu, el rei Vikramajit va sacsejar el vestit del iogui i li va donar l'or que en queia. Li va dir que li donaria el vestit si alliberava el cigne. El rei Karan va acceptar.

El cigne va emprendre el vol, es va reunir amb la seva companya i tots dos van anar a planar majestuosament per sobre del palau, tot cridant:

—Glòria al rei Vikramajit, el generós! Glòria al rei Vikramajit, el generós!

El rei Karan els va sentit i va dir:

—Tenen raó. El rei Vikramajit és més generós que jo, perquè si jo he acceptat deixar-me fregir a canvi de 100 quilos d'or per als meus súbdits, ell ha acceptat ser saltat amb espècies i fregit per tornar la llibertat a un ocell.

ELS OCELLS DE LA SAVIESA

EL CORB I LES SEVES CRIES

Una femella de corb havia trobat una illa on va fer el seu niu i la seva posta. Li van néixer tres cries. Constantment estaven afamades. Per sort, l'illa tenia tota mena de coses bones a l'abast del bec, i el corb estava content de no haver de volar gaire lluny per trobar aliments per als seus petits.

Però aquest benestar va durar poc. Un dia va esclatar una tempesta tan terrible que l'aigua va pujar i pujar fins que va arribar al niu del corb. Va pensar que potser tindria el temps just per traslladar les seves cries més enllà del mar a una terra més acollidora, però només en podia dur una a cada viatge. Així que va agafar la primera que va trobar i va emprendre el vol. Per sobre d'unes onades encrespades, l'ocell va demanar a la seva cria:

—Què faràs com a agraïment per haver-te salvat de l'aigua?

—Jo també et portaré— va respondre la cria—. Però no em deixis caure.

—Estàs mentint! —va cridar la mare, furiosa.

I va deixar la cria enmig del mar.

Immediatament va fer mitja volta. Les onades ja arribaven gairebé on era el seu niu. Va agafar una segona cria i se la va endur tan de pressa com les ales li permetien. Un cop a sobre de l'aigua, li va demanar:

—Què faràs com a agraïment per haver-te salvat de l'aigua?

—Jo també et portaré —va respondre la cria—. Però no em deixis caure.

Aquest cop, la mare es va posar encara més furiosa que la primera vegada. Immediatament va deixar la cria enmig del mar i va tornar tan de pressa com va poder a l'illa. Ja gairebé era massa tard, perquè les onades ja havien submergit el niu. El cap de la darrera cria amb prou feines sobresortia de l'aigua. El corb va tenir el temps just per agafar-la i endur-se-la. Tot i que estava esgotat, va volar i volar amb grans cop d'ales i va aconseguir travessar el mar. Gairebé al límit de les seves forces, va poder veure finalment la vora i els arbres. En aquell moment va demanar a la seva cria:

—Què faràs com a agraïment per haver-te salvat de l'aigua?

El petit s'ho va rumiar un moment i va dir:

—Que què faré? Quan sigui gran, duré els meus petits per salvar-los, tal com tu has fet.

La mare corb va estar contenta amb aquesta resposta.

—Vine —va dir—, et deixaré a la riba. Has dit la veritat. Cap ocell ha de tenir cura dels seus pares. Jo t'alimentaré i et cuidaré fins que siguis gran i prou fort per viure pels teus propis mitjans.

EL LLORO I L'ARBRE

Una vegada hi havia un caçador que recorria tot el bosc a la recerca d'alguna cosa per caçar, potser un tigre, un lleó o qualsevol altra fera. Caminava amb prudència per sota dels arbres gegants, amb les fletxes emmetzinades preparades. De moment encara no havia caçat res. El bosc estava sense vida i silenciós. Amb prou feines podia percebre el soroll furtiu de l'esquirol que fugia enmig de les branques, o el crit d'un ocell que donava l'alarma.

El caçador començava a dubtar del seu èxit i ja valorava fer mitja volta quan va entreveure un lleó. Ràpidament el va apuntar amb el seu arc. Una fletxa va xiular, però va errar el tir. El lleó va fugir tot rugint i la fletxa es va clavar al tronc d'un arbre enorme. Però aquesta fletxa estava emmetzinada. Lentament, el verí es va introduir dins el tronc, els vasos, les branques i les fulles, de manera que l'arbre es va anar marcint fins que es va assecar totalment i finalment va morir.

Ara bé, des de temps immemorials, un lloro vivia en aquest arbre. Aquest lloro va assistir, impotent, a l'agonia i finalment a la mort del seu arbre protector i nodridor. No el va voler abandonar i es va quedar enfilat a les seves branques nues, refugiant-se com podia dins el tronc ja sec. L'arbre ja no li podia donar cap fruit, ni tan sols res per beure. Malgrat tot, el lloro seguia allà, morint una mica cada dia, cada cop més trist i prim.

Les divinitats del cel estaven meravellades de la seva fidelitat:

—Com pot ser que aquest animaló es quedi amb el seu amic en un moment tan dur? Pocs homes podrien fer-ho. Hem d'anar a fer-li una visita.

Així, van enviar un savi per parlar amb el lloro:

—Com t'ho fas, ocell valent, per continuar d'aquesta manera en aquest arbre sec? Hauries d'anar a viure a un altre arbre que fos ben verd. En aquest bosc, no hi falten pas arbres esplèndids plens de fruits que et nodririen. Per què no vas a viure en un d'ells?

—Ja he entès que ets un home sant enviat pels déus —va respondre el lloro—. Veus aquest arbre? El conec des que vaig néixer. M'ha abrigat, protegit i nodrit amb els seus fruits saborosos des de sempre. És el meu amic. Estant amb ell vaig aprendre la poca saviesa que tinc. I tu voldries que l'abandonés, ara que li ha tocat el rebre i ja no em pot donar res més! De cap manera, em quedaré per sempre amb el meu amic.

L'emissari dels déus va assentir i després va proposar al lloro que demanés un desig, el que volgués. Que li seria concedit.

—Que l'arbre visqui! —va exclamar el lloro.

Llavors l'emissari va ruixar el tronc de l'arbre amb unes quantes gotes d'aigua. I la vida va tornar a circular de nou dolçament pel seu interior, les seves branques es van redreçar i ben aviat, com sempre ho havia estat, tornava a estar recobert de fulles, de flors i de fruits. La seva saba era fins i tot més nutritiva i les seves flors encara lluïen més que abans. I això ho devia a la fidelitat del seu amic.

LES TRES VERITATS

Hi havia un pagès molt pobre, tan pobre que mai comprava carn. Per això sortia a caçar i parava trampes.

Un dia, mentre feia la volta pels seus paranys, va trobar un rossinyol. L'anava a ofegar entre els seus dits quan el petit ocell es va posar a parlar amb ell:

—No em matis, home. Soc tan petit que amb mi no en tens ni per omplir-te mitja boca. No t'engreixaràs per això. En canvi, si em respectes la vida, et faré saber tres veritats que et faran el més feliç de tots els homes.

—Tens raó —va contestar l'home—, ets molt, molt petit. Em promets que les teves veritats em faran feliç?

—T'ho juro —va dir el rossinyol.

L'home va dubtar una mica, però finalment va deixar anar el petit ocell. Aquest es va parar en una branca i va dir:

—Aquí tens la meva primera veritat: no desitgis el que no pots tenir.

—D'això en dius una veritat? Si és una evidència! —va rondinar el pagès.

Tot enfurismat, va voler atrapar el rossinyol un altre cop, però aquest es va enfilar una mica més amunt de la branca i va dir:

—Escolta la meva segona veritat: no trobis a faltar el que mai has posseït.

—Cada vegada anem pitjor! —li va etzibar l'home—. Què volen dir aquestes bajanades? Com vols que trobi a faltar el que no he tingut mai? Te'n fots de mi. Torna aquí!

—No —va dir el rossinyol mentre es parava una mica més amunt—. Abans escolta la meva tercera veritat: no et creguis tot el que et diguin, sobretot si és inversemblant.

—Evidentment! —es va exclamar el pagès—. Com pretens que amb veritats com aquestes em torni feliç? Acosta't una mica!

—Home, ets realment boig —va declarar el rossinyol mentre s'anava a aturar a la branca més alta de l'arbre—. M'has deixat escapar quan tinc un tresor dins el meu pap, un diamant més gros que el teu puny. Si tinguessis aquest diamant, podries comprar totes les terres de la comarca i tenir un castell en comptes de la teva barraca.

En sentir això, l'home es va posar a gemegar, a plorar, a lamentar-se fins que va començar a cridar. Va implorar:

—Rossinyol, amic meu, torna a la meva mà, t'ho demano per favor.

—Pobre home —va dir l'ocell des del cim del pi on estava penjat—, no només ets curts de gambals, sinó que el teu cap és un veritable embolic. Els tres consells que t'he donat han fugit com l'aigua. Estàs a punt de desitjar el que no pots posseir, de trobar a faltar el que no has tingut mai i, sobretot, pensa-hi una mica, et creus tot el que et diuen! Com vols que un diamant tan gros com el teu puny es trobi dins el meu cos minúscul? Realment necessitaves sentir les meves tres veritats. Adeu, home!

L'home va retornar a casa seva. Es diu que això el va fer pensar molt. Havia canviat? Això, ningú no ho sap...

L'OCELL ENGABIAT

Una vegada hi havia un rei feliç, un rei que tenia sort: tenia un tresor inestimable al seu palau. Dins el seu palau, hi tenia un tresor vivent.

En una de les cambres del palau, hi havia fet dur una taula de pedra, sobre la qual havia fet posar una gàbia d'or. I dins la gàbia hi havia un ocell. Però no era un ocell com els altres: el seu cos mostrava tots els colors del món, i, sobretot, aquest ocell coneixia totes les llengües del món. I no passava cap dia, ni un de sol, que el rei no hi anés a asseure's i a escoltar l'ocell com parlava i cantava, en totes les llengües que coneixia.

Però tampoc no hi havia cap dia sense que l'ocell, en un moment o altre, parés de cantar o de parlar només per demanar una cosa al rei. I cada cop li demanava la mateixa cosa. Cada vegada li deia:

—Si us plau, rei del teu país, ja que dius que soc el teu tresor més preciós, em podries concedir un favor?

—És clar que sí —responia el rei—, tot el que vulguis! Digues-m'ho i et complauré...

—Dona'm la llibertat!

Però això era demanar massa al rei. Cada vegada que sentia la seva demanda, se sentia contradit i mirava cap a terra. Després sempre passava el mateix, a causa del caràcter del rei: quan se sentia ferit, s'enfurismava. I cada vegada es posava a cridar:

—Però què t'has cregut? Tu creus que un rei deixarà que el seu tresor s'esfumi com si res? Què et penses? El teu lloc és aquí. Que no hi estàs bé?

I com que a l'ocell no li agradava gens veure el seu rei enfadat, cada vegada que sentia la seva resposta, parlava d'una altra cosa...

Però va arribar un dia en què el rei es preparava per anar a fer un gran viatge, d'aquells viatges que fan els reis. S'estava preparant per anar a la fi del món, per fer-hi coses de reis. Llavors, el dia abans de la seva partida, va anar a veure l'ocell i li va dir:

—Saps? Demà no vindré ni m'asseuré a escoltar-te, com faig cada dia. Demà seré molt lluny, seré de viatge. Això durarà diverses setmanes, però no t'oblidaré. D'altra banda, saps?, el país on vaig és un país que tu coneixes molt bé. És el país on vas néixer! De manera que, com que vaig al teu país natal, si et sembla, et portaré alguna cosa. Digue'm què t'agradaria.

—Oh! —va dir l'ocell—. Vas al meu país? En aquest cas, si us plau..., porta'm la llibertat!

I el rei, un cop més, es va posar a cridar i li va dir que ni ho somiés. Fins i tot va dir que no s'hi veia amb cor. Li va dir: "Demana'm tot el que vulguis, però això no t'ho puc pas concedir."

Però aquesta vegada l'ocell també es va enfadar, i li va dir:

—Així doncs, si ets veritablement el rei del teu país, vull que vagis al bosc on vaig néixer. Al lloc més pregon d'aquest bosc, hi ha un arbre blanc, i dins aquest arbre hi veuràs milers d'ocells de mil colors com jo, exactament com jo. Són els meus germans. Doncs bé, si ets el veritable rei del teu país, vull que hi vagis i que diguis a aquests ocells que em tens empresonat aquí, a casa teva, dins el teu palau. Els has de dir que estic bé de salut, i que sovint penso en ells. I que voldria saber algunes coses d'ells. Series tan amable de fer això per mi?

—D'acord —va dir el rei.

I el rei va marxar. Va caminar, caminar i caminar. Va travessar diversos països, països sencers. Finalment va arribar a la fi del món. Va fer el que havia de fer com a rei. I un cop els seus afers van haver acabat, va demanar que el duguessin dins aquell bosc. Després va demanar que el deixessin tot sol. I, a poc a poc, el rei es va endinsar al bosc. Va caminar per sota dels arbres durant hores. Va arribar a la part més recòndita. I finalment el va veure! Era cert: allà hi havia un arbre blanc. I dins aquest arbre, hi havia milers i milers d'ocells de mil colors, exactament com el seu. Llavors el rei es va aturar al peu de l'arbre, i va dir a tots els ocells que hi havia:

—Un dels vostres germans està empresonat a casa meva, al meu palau. M'envia perquè us digui que està bé de salut, i que sovint pensa en vosaltres..., i que li agradaria saber alguna cosa de vosaltres...

Però quan tot just el rei havia acabat de parlar, un dels ocells va caure de la branca on s'estava, a terra, com una pedra, com si un llamp o alguna cosa així l'hagués tocat. Llavors el rei es va preocupar per ell. Es va inclinar, va recollir l'ocell, el va girar, el va sacsejar: només tenia entre les mans un petit ocell mort.

I es va dir: "És culpa meva, aquest ocell no ha pogut suportar saber que el seu germà era presoner. S'ha mort de pena, de cop. Les meves paraules l'han matat!"

I el rei va deixar el cos de l'ocell al peu de l'arbre i va tornar cap a casa seva, sense dir res, sense gosar demanar cap altra cosa.

Arribat al seu palau, la primera cosa que va fer va ser anar corrents a la seva habitació. Encara hi havia la taula de pedra, la gàbia, i a dins encara hi havia el seu ocell, i ben viu. Llavors el rei es va asseure, una mica alleujat. Però l'ocell, quan va veure el rei, estava molt content, i li va dir:

—Bon dia, rei del teu país! Has tingut un bon viatge? Vinga, explica-m'ho! Quines novetats hi ha?

—Oh! —va dir el rei—, em sembla que et porto notícies molt tristes!

I li va començar a explicar el que havia passat a l'altra punta del món, enmig del bosc. Però amb prou feines el rei havia acabat de parlar que el seu ocell va caure al fons de la gàbia, com una pedra, com havia caigut el seu germà allà, a l'altra punta del món! Llavors el rei es va ajupir, va obrir la gàbia, va agafar el seu ocell, el va girar, el va sacsejar: només tenia entre les mans un ocell mort.

Després de plorar llargament, el rei es va aixecar i va anar cap a la finestra, i al brancal hi va deixar el cos del seu tresor. Però, entre les llàgrimes que tenia als ulls, el rei va poder veure l'ocell de mil colors, el seu ocell, que es despertava, saltava, emprenia el vol i es parava sobre l'arbre més alt del jardí! I va sentir l'ocell que li deia:

—Moltes gràcies, rei del teu país! Finalment, les teves notícies eren per a mi bones notícies! Tranquil: l'ocell que has vist morir enmig del bosc no ha mort, com tu et pensaves! Ho feia veure: simplement estava dient el que jo havia de fer per recobrar la llibertat. Avui és un bon dia, no et sembla? I avui, sobretot, tu i jo hem après alguna cosa: tu, el rei, fent de missatger per una vegada, acabes d'aprendre que un bon missatger mai no ha de comprendre del tot el missatge que porta. És millor així! I jo, jo acabo d'aprendre, just aquí, en aquest moment, que la llibertat no és cap flor que es demani...., sinó que te l'has de prendre! Et desitjo una vida ben llarga, rei del teu país, que la nostra història ens acompanyi!

I es diu que el rei va tancar la finestra amb lentitud, i que a través del vidre va veure com el seu tresor desapareixia en la llunyania.

Completament astorat de sentir que un somriure nou l'il·luminava.

L'ÀLIGA I EL SABATER

Una vegada hi havia un sabater que es deia Massaoud i que vivia en una parada a la plaça del poble. En Massaoud era l'atracció del poble, ja que amb la seva manera d'actuar sorprenia tothom que visitava el lloc. Mentre feia la seva feina, clavava un clau, s'aixecava, corria fins al cim d'un turó que dominava el poble, mirava el cel, tornava a la seva parada, plantava un altre clau, tornava al turó, i d'aquesta manera tota la jornada. No era estrany que els passavolants, intrigats, demanessin a la gent del poble com era que aquell sabater es comportava d'aquella manera. I mireu el que en deien:

Abans en Massaoud duia una vida de sabater tranquil·la. Es passava tot el dia fabricant o arreglant sabates. Només sortia de la seva parada per anar a comprar alguna cosa i per anar a la mesquita.

Un dia, mentre estava absort en la seva pregària al cim del turó, va arribar una àliga immensa, va planar una bona estona, va caure a sobre seu, el va agafar amb les seves urpes potents i se'l va endur per l'aire. Li va fer travessar el mar i després un ampli país, seguit d'un altre mar, i encara una altra terra. En total van travessar set mars i set terres.

Després d'aquest llarg viatge, l'àliga va deixar en Massaoud enmig del camp, a prop d'una vila. El sabater no tenia ni idea d'on es trobava. Es va acostar a les muralles de la ciutat, va passar una porta i es va trobar enmig d'un embolic de carrers plens de botigues i de tallers.

Es va mirar els habitants de la ciutat. De seguida va constatar que, curiosament, les persones que entraven a les cases dels comerciants no semblava que els donessin diners. I, tot i això, en marxaven amb mercaderies i coses comestibles de tota mena. Es va estar un temps observant-los amb atenció.

A casa del forner, una dona va demanar un pa i va demanar-ne el preu. El forner li va respondre:

—Això val dos *allasat azzeine* (en la llengua d'aquest país, *allasat azzeine* vol dir 'quina meravella').

La dona en aquell moment va dir: "Allasat azzeine, allasat azzeine", i es va endur el pa.

A casa d'un teixidor, va veure una dona que triava una peça de roba, que deia *allasat azzeine* deu vegades i després marxava amb la peça de roba sota el braç. La mateixa escena es va trobar a la carnisseria o a la botiga d'espècies: deien una determinada quantitat d'*allasat azzeine* i el client pagava només repetint aquesta fórmula tantes vegades com se li hagués dit.

Molt intrigat, en Massaoud va seguir el seu passeig a través dels carrers i carrerons de la vila fins que va arribar a la botiga d'un confrare sabater. Hi va entrar en el moment en què un home deia trenta *allasat azzeine* abans de sortir amb el seu parell de sabates reparades a la mà. En Massaoud va demanar al sabater:

—Jo soc estranger i és la primera vegada que vinc a la vostra ciutat. Hi ha una cosa que no arribo a entendre. A les botigues, els clients prenen les mercaderies sense pagar. Només repeteixen diverses vegades *allasat azzeine*. Em pots dir per què?

—És molt senzill —va respondre el sabater—. Entre nosaltres els diners no existeixen. Quan treballes, guanyes un determinat nombre d'*allasat azzeine*, del qual disposes per aconseguir menjar, vestimentes o qualsevol altra cosa. Només has de repetir el nombre d'*allasat azzeine* corresponent al valor de la mercaderia. Però les persones només tenen dret a agafar les coses segons les seves necessitats, mai agafar-ne de més.

—Jo soc sabater com tu —va dir en Massaoud—. No deus necessitar pas per casualitat algú que t'ajudi?

—Podria ser... Tinc més feina que no em cal. Queda't amb mi i et donaré cinquanta *allasat azzeine* cada setmana. Et sembla bé?

—I tant! —va respondre ràpidament en Massaoud.

El sabater el va ajudar a trobar una habitació en aquell barri. Treballava cada dia a la botiga i els dos homes s'entenien perfectament. En Massaoud només deixava el seu nou amic per fer les seves compres segons el mètode que ara ja coneixia, per anar a dormir a casa seva o per anar a pregar a la mesquita.

Tot un any sencer va passar enmig d'aquesta serenor. Però, al cap d'aquest temps, en Massaoud va començar a tornar-se taciturn. La seva aparença semblava decaiguda. El seu amic el sabater s'adonava que alguna cosa no anava bé, així que li ho va demanar, però en principi no va obtenir resposta. Finalment, un dia, en Massaoud li va acabar confessant que s'enyorava, tot i que estava molt content a casa seva. Resulta que... li hauria agradat casar-se i no sabia com fer-ho en aquell país.

—Jo t'ho explicaré —li va dir el sabater—. Un cop per setmana, les noies i els nois de la ciutat que es volen casar van a un lloc on hi ha una font. Si vols, pots anar-hi. És just demà. Veuràs joves noies amb una gerra d'aigua. Et podràs passejar, observar, emprendre una conversa si et sembla. Si trobes una jove que t'agradi, t'hi acostes i li dius que tens set. Si accepta donar-te aigua, és que li agrades. I d'aquesta manera us podreu casar.

L'endemà, en Massaoud es va vestir les millors robes que tenia i va anar a la font. Hi havia moltes noies guapes, i això li va fer passar una mica de vergonya. Però, al cap d'un moment, en va veure una, bella com una flor, flexible com un cep. Aquesta era la que volia! Amb prou feines s'atrevia a acostar-s'hi. Tremolós, va aconseguir demanar-li aigua. Ella se'l va mirar, li va fer un somriure, va aixecar la seva gerra i la hi va allargar perquè pogués beure'n.

Des d'aquell dia el sabater pagava cent *allasat azzeine* per setmana a en Massaoud (ara ja eren dos). Aquest va trobar un habitatge una mica més espaiós on es va poder instal·lar amb la seva dona. Quan sortia a comprar, tornava amb el doble de pa, fruita i carn. Tornava a estar molt content.

Un dia, deambulant pel soc (mercat), en Massaoud va veure una gran parada de peix. Un peix magnífic li va cridar l'atenció. Era tan atractiu que li va fer venir unes ganes irresistibles de comprar-lo. Va demanar-ne el preu.

—Quinze *allasat azzeine* —li va respondre el mercader—. És molt gros i n'hi ha prou per a una desena de persones —va afegir.

—Està bé, me'l quedo —va dir en Massaoud mentre comptava els quinze *allasat azzeine*.

El comerciant el va ajudar a posar-se el peix sobre el cap. En Massaoud tornava cap a casa quan, pel camí, es va trobar la seva dona, que el va veure amb aquell peix tan enorme.

—Desgraciat —es va exclamar indignada—. Què has fet? Com és que has agafat un peix tan gros? Entre tots dos mai no ens el podrem menjar completament. Com a mínim n'hi ha per a deu! No tenies dret a fer-ho!

Tot just acabar la seva frase, la gran àliga va aparèixer al cel. Va caure sobre en Massaoud, el va agafar amb les seves urpes, va emprendre el vol pels aires fins més enllà de set països i set mars i el va deixar sobre el turó del seu poble.

En Massaoud va tornar a la seva antiga parada. I des d'aquell dia, després d'haver clavat un clau, el podíeu veure córrer cap al turó i mirar cap al cel per veure si l'àliga venia a buscar-lo. Però mai no hi anava. L'àliga mai no va tornar a presentar-se.

LA GRUA BLANCA

Una vegada hi havia un home vell i una dona vella molt pobres. Ell era llenyataire. Vivien en una miserable cabana en un clar del bosc. Només havien tingut un fill, que es deia Kotaro. Aquest treballava molt al bosc per ajudar els seus pares, que adorava. Mai no li havien pogut retreure res. Només hi havia una cosa que al seu pare no li agradava: en Kotaro era massa bon jan. Era com si fos estranger en aquest món. Quan el pare el duia a caçar amb la finalitat de poder trobar alguna cosa per menjar i trobava alguna presa, en Kotaro feia un crit o tirava una pedra per espantar l'animal i fer-lo fugir cames ajudeu-me. D'aquesta manera, sempre tornaven amb les mans buides. El pare es desesperava perquè veia que no podia ensenyar res al seu fill, que mai no sabria desenvolupar-se en la vida i sortir de la pobresa.

Un dia, tornant a casa dels seus pares, en Kotaro travessava el bosc i va sentir un soroll enmig de les branques d'un gran arbre. Semblava algun ocell que s'estigués barallant. En Kotaro va pujar a l'arbre i va descobrir una grua blanca captiva entre les branques. Va pujar amb cautela cap a on era l'animal i el va deixar anar amb delicadesa. La grua se'l mirava aterrida. Duia una fletxa clavada a l'ala.

—No temis —li va dir en Kotaro—. T'alliberaré. Un caçador t'ha fet això, però la ferida no és profunda.

En Kotaro li va treure la fletxa, li va netejar la ferida i va amagar la grua en un lloc que només ell coneixia enmig del bosc. Cada dia l'anava a veure i l'alimentava. La grua s'havia acostumat a ell i ja no li tenia por. Cada vespre tornava a casa seva.

Un matí, mentre els seus pares eren a casa, algú va trucar a la porta. Era una jove, molt bella, que duia un paquet. Era clar que havia hagut de fer un llarg camí. Va dir que volia parlar amb el senyor Kotaro. Els pares estaven sorpresos d'aquella visita i de tenir davant seu una persona tan jove i bella que demanava parlar amb el seu fill. Li van dir que no hi era, que arribava cap al tard als vespres, perquè treballava al bosc. Però podia entrar dins la casa i esperar-lo. La jove noia ho va rebutjar i va dir que esperaria el senyor Kotaro a fora. Es va asseure sobre una pedra. Si, a causa de la seva feina, el vell i la vella passaven per davant de la jove, intentaven tenir-hi una conversa, però la noia només sabia somriure'ls de manera educada. Quan en Kotaro va arribar al vespre, amb un pesat feix de llenya a l'esquena, ella es va aixecar i immediatament va anar a trobar-lo:

—Sou el senyor Kotaro, oi? —li va demanar.

—Sí —va dir, sorprès que una jove tan bella se li dirigís—. Què voleu?

—Des d'aquest matí que us estic esperant.

—Entreu, que deveu estar cansada —va aconseguir dir en Kotaro, cada cop més emocionat.

A l'interior, la jove es va treure les sandàlies. Fins i tot va acceptar de compartir amb ells el sopar. Després de menjar, en Kotaro, que no li treia la vista de sobre, va veure com movia les seves llargues pestanyes, va encreuar amb ell la seva mirada pura com el cel i va sentir que li deia:

—Senyor Kotaro, us voleu casar amb mi?

El cor d'en Kotaro saltava dins el seu pit. Els seus pares estaven estupefactes pel fet que una jove noia desconeguda, tan bella i polida, es volgués casar amb el seu fill. Van ser ells els que van respondre:

—Som molt pobres. El nostre fill encara no té cap mitjà per mantenir una llar. Cal que esperi abans de casar-se.

—Per estimar-se, no cal pas ser ric —va respondre la noia—. N'hi ha prou de tenir bondat i coratge. Aquest és el cas del vostre fill. Pel que fa a mi, podria treballar a casa vostra. No us penedireu de la meva presència. Entre tots dos us podrem mantenir.

Veient la seva disposició, els vells no hi van posar cap altra pega. En Kotaro estava boig d'alegria. Però es va adonar que ni tan sols sabia el nom de la jove.

—Digueu-me Komatchi, *la Humil* —va dir.

Va treure unes monedes del seu paquet i va enviar en Kotaro a comprar el que calia per fer un sopar de noces. Va ser una veritable festa. Feia molt temps que no havien menjat ni begut tant.

Després de casar-se, en Kotaro va continuar treballant al bosc, i sempre tornava molt tard. Komatchi, *la Humil*, es quedava amb els seus pares tot el dia. Sabia fer de tot. Qualsevol feina sortia dels seus dits. Només que la vella pensés que calia fer una cosa, la Komatchi la feia immediatament. L'entesa era perfecta entre tots quatre. Els vells estaven meravellats del que els havia passat i la seva felicitat va ser completa quan la Kotmachi va donar un fill a en Kotaro.

Va passar el temps. Cada vespre, en Kotaro tornava cansat de la seva llarga jornada de treball i s'asseia. La Kotmachi, *la Humil*, el mirava, i un dia li va dir:

—T'esllomes a treballar des que surt el sol fins que es pon. I tot i això no tenim ni un sou de sobres. Soc capaç de fer alguns treballs, especialment teixir. Ens en podríem aprofitar i fer-ne un objecte de comerç.

Kotmachi, *la Humil*, va treure algunes monedes del seu paquet i va dir a en Kotaro que anés a la ciutat a comprar allò que els feia falta per teixir. De retorn, va fer posar les eines per teixir al graner.

—Per teixir, haig d'estar sola —li va dir—. I hi estaré un bon temps.

Des d'aquell moment, ella es tancava al graner cada matí per poder teixir. Tot el dia omplia l'edifici amb el soroll del teler. La Komatchi no en baixava fins que ja era molt tard. Tal com havia demanat, ningú la veia mai mentre treballava. Però el que sí que constataven, sobretot en Kotaro, era que, a mesura que passaven els dies, les setmanes i els mesos, les seves galtes perdien els bells colors de sempre i el seu cos s'anava aprimant. En Kotaro intentava explicar-li que no calia que treballés tant. Però era en va. Cada matí, ella es posava a la seva feina. I s'anava aprimant. Van passar tres anys. Només era una ombra del que havia estat.

Un vespre, quan tornava cansada del graner, duia a les mans una peça de roba que va posar sobre la taula, davant d'en Kotaro i els seus pares. Van quedar enlluernats. Mai no havien vist res tan magnífic. Era una roba brillant, tan suau com la seda, càlida com la llana, lleugera com el *duvet*, lluminosa, irreal. La Kotmachi, *la Humil*, va treure dues monedes d'or del seu paquet, les va donar a en Kotaro i li va dir:

—Kotaro, aniràs a dur aquest teixit i les dues monedes d'or. Has d'anar tan lluny com puguis i només et vendràs aquest teixit quan t'hagis gastat les dues peces d'or, però no abans. M'ho promets?

En Kotaro ho va prometre, però estava molt amoïnat de veure la seva dona tan prima i de deixar-la en aquelles circumstàncies. Deixant això de banda, es va posar en camí i va caminar durant molt temps. Va arribar a una vila. Com que era molt estalviador, encara no havia fet servir la seva primera moneda d'or. Es va trobar un home que li va demanar què duia dins el sac. Va obrir el sac i va ensenyar la peça de roba. L'home la va tocar i va quedar meravellat de la seva finesa, els seus colors i aquella lleugeresa.

—Qui l'ha teixida? —va demanar.

—La meva dona —va respondre en Kotaro, orgullós.

L'home n'hi va oferir mil peces d'or, però en Kotaro li va dir que aquella tela no estava a la venda. D'aquesta manera es va adonar de tot el que devia a la seva dona.

En Kotaro va seguir el seu camí. A la ciutat següent, només arribar al mercat, va desplegar la peça de roba. De seguida el va envoltar una sèrie de mercaders entusiastes, un dels quals li va oferir quatre mil monedes d'or. En Kotaro encara es va excusar, i va dir que aquell teixit no estava en venda.

Un dia, després que hagués gastat la seva primera moneda d'or, va arribar a una ciutat llunyana. Va ensenyar un altre cop la seva peça de roba a un mercader, que en va quedar totalment enlluernat. N'hi va oferir cinc mil monedes d'or.

—Aquesta peça no està a la venda —va dir en Kotaro.

Continuant el seu viatge, va arribar a una altra ciutat. Però l'anomenada de la seva mercaderia l'havia precedit. A les portes de la vila, els emissaris del més ric comerciant del lloc ja l'esperaven i el van dur a casa del seu amo. En Kotaro encara no havia acabat de gastar la segona moneda. El mercader va desembolicar la tela com si fos un objecte sagrat. Va constatar que aquell teixit era realment fabulós. N'hi va oferir deu mil monedes. En Kotaro estava en xoc. Mai no havia ni tan sols somiat amb una suma com aquella. Però va recordar la recomanació de la seva dona i li va dir que la roba no estava en venda. El mercader va insistir:

—Ven-me aquest teixit. Si deu mil monedes d'or són poques, te n'ofereixo vint mil.

Vint mil monedes d'or! En Kotaro sentia que el cap li donava voltes. N'hi havia prou per a les necessitats de tota la família, durant més d'una vida per a tots cinc. Així que va accedir a vendre el seu teixit.

Va agafar el camí de retorn, amb una càrrega molt més pesada que no havia estat la peça de roba, vint mil monedes d'or! Quan va tornar a ser a casa, va tenir l'alegria de trobar la seva dona, la Kotmachi, *la Humil*, més forta que a la seva partida. Ben content, va ensenyar, a ella i als seus pares, el que duia: vint mil monedes d'or! Els pares estaven estupefactes. Mai no s'havien imaginat que aquella quantitat d'or pogués reunir-se en un únic lloc, i encara menys a casa seva. Malgrat tot, la Kotmachi, *la Humil*, va mostrar la seva decepció:

—No has esperat a haver-te gastat les dues monedes d'or. Si no, hauries dut trenta mil monedes d'or.

I va afegir que, amb el que els duia, certament estarien protegits contra les necessitats. Va preparar un àpat de festa per celebrar l'esdeveniment.

En Kotaro va comprar una casa gran de pedra on es van instal·lar còmodament tots cinc. S'havia convertit en un comerciant pròsper. La Kotmachi, *la Humil*, l'ajudava fidelment. No havia canviat la seva manera de ser, seguia sent tan simple i bo com sempre.

Tots plegats haurien pogut viure perfectament feliços si no fos perquè la mare es va ficar al cap que amb allò no n'hi havia prou. Cada matí, agafava la seva jove a part i li deia:

—Kotmachi, *la Humil*, hauries de tornar a teixir, un altre cop. Vendríeu un altre cop la roba i podríeu posar l'or dins un cofre. Qui sap què us pot passar en el futur?

Kotmachi, *la Humil*, s'hi negava i deia que ja en tenien prou. Però cada dia la vella tornava amb els mateixos arguments. Un dia, quan ja no sabia què dir, li va etzibar:

—Ara veig clar que ets una mala filla. Ets una gandula. Qualsevol altra noia faria això per la seva família.

Tant i tant va insistir que Kotmachi, *la Humil*, va acabar cedint. Un dia, es va fer instal·lar un teler en una cambra de l'habitació. Com la darrera vegada, va ordenar que no la molestessin. Quan en Kotaro va saber que la seva dona volia tornar a teixir, va fer tot el possible per dissuadir-la, i li va dir que no en tenien cap necessitat. Però no va servir de res. Kotmachi, *la Humil*, somreia i deia que tres anys passarien de pressa. Una vegada més, la Kotmachi, *la Humil*, va anar perdent a poc a poc el color, aprimant-se i tornant-se com si fos transparent. La vella deia que no era normal, perquè teixir no era tan esgotador per arribar a aquest punt. Després, la curiositat la va vèncer.

—Per què no vol que la vegin? —es demanava.

Un matí, quan ja no podia aguantar més, mentre els altres eren per la casa fent les seves feines, la vella va mig obrir sense fer soroll la porta de l'habitació on treballava la Kotmachi, *la Humil*, i va poder veure... Va veure que al teler hi havia una grua blanca que es deixava les plomes de les ales per teixir. Ja gairebé no n'hi quedaven i estava pràcticament tota ensangonada. Quan va veure la vella, va fer un crit penetrant i va emprendre el vol dificultosament per la finestra. El seu crit va fer que en Kotaro s'hi presentés ràpidament. La seva mare li va explicar el que havia vist. Ell es va abocar a l'exterior i va poder veure una grua vacil·lant, aturada a les branques d'un arbre del pati. Esgotada, no havia pogut volar més lluny. Es va enfilar a l'arbre i la va agafar entre els seus braços amb dolçor. Les llàgrimes se li escolaven dels ulls. En una (darrera) alenada, ella li va dir:

—Kotaro, recordes la grua blanca que vas salvar un dia enmig del bosc? Era jo. Com a agraïment, he vingut a casa teva. Ara tot s'ha acabat, em moro. Ocupa't del nostre fill.

Submergit en la tristesa, en Kotaro va enterrar la seva grua blanca al jardí. Va fer que a partir d'aleshores l'anomenessin l'Humil Kotaro. I cada dia, ell i el seu fill, anaven fins al jardí i, silenciosos, l'un al costat de l'altre, contemplaven la tomba de Kotmachi, *la Humil*, la grua blanca.

MÀGIA I METAMORFOSIS

MARIA MOREVNA

Un tsar tenia un fill que es deia Ivan i tres filles. La més gran es deia Maria; la segona, Olga, i la més petita, Anna.

Quan van sentir la fi propera, el tsar i la tsarina van fer prometre al seu fill Ivan que deixaria que les seves germanes es casessin cadascuna amb el primer pretendent que els demanés la mà.

Finalment, el dia fatal va arribar i es va enterrar el tsar i la tsarina. L'Ivan i les seves tres germanes estaven molt tristos i sols al seu palau. L'Ivan els va proposar d'anar a fer un passeig pel jardí. Però, un cop a fora, l'atmosfera es va fer pesant, alguns llamps van trencar el cel, va esclatar un tro. L'Ivan i les seves germanes van tornar a entrar al palau de pressa i corrents. Acabaven d'entrar quan el sostre es va esquerdar i d'enmig d'un llamp va sorgir un falcó que es va posar a terra. Llavors va aparèixer un príncep magnífic.

—Fins ara venia com a amic, però avui vinc com a pretendent —va dir.

I, girant-se cap a l'Ivan, va afegir:

—Acceptes que prengui la teva germana Maria com a esposa?

—Si ella hi està d'acord, te la cedeixo amb molt de gust —va respondre l'Ivan.

I la princesa Maria va acceptar. El falcó es va casar amb ella i se la va endur al seu regne.

Va passar un any. Un dia, l'Ivan i les seves dues germanes, Olga i Anna, feien un passeig pel jardí del palau. Uns núvols foscos van envair el cel, acompanyats de llamps fulgurants i de trons que eixordaven. L'Ivan i les seves dues germanes van entrar corrents al palau. A l'interior, el sostre es va esquerdar i va aparèixer una àliga. Va prendre sòl i es va convertir en una príncep enlluernador.

—Fins ara havia vingut com a amic —va dir—. Avui vinc com a pretendent.

I, girant-se cap a l'Ivan, el príncep va dir:

—Estàs d'acord que prengui la teva germana Olga com a esposa?

—Si ella hi està d'acord, no hi tinc cap inconvenient —va respondre l'Ivan.

La princesa Olga va acceptar. L'àliga es va casar amb ella i se la va endur al seu regne.

Va passar un altre any. Un dia, l'Ivan i la seva germana Anna feien una passejada pel jardí del palau. El cel es va enfosquir encara més que les altres vegades, l'aigua queia a bots i barrals a sobre seu. Van anar corrents cap al palau. A l'interior, el sostre es va esquerdar una altra vegada i va aparèixer un corb. Es va posar a terra i es va convertir en un príncep meravellós.

—Fins ara venia com a amic. Avui vinc com a pretendent —va dir.

Després, girant-se cap a l'Ivan, el príncep va demanar:

—Acceptes que prengui la teva germana Anna com a esposa?

—Si ella hi està d'acord, te la dono de bon grat —va respondre l'Ivan.

La princesa Anna va acceptar. El corb es va casar amb ella i se la va endur al seu regne.

Va passar un any. El príncep Ivan estava sol al seu palau. S'avorria. Els seus pensaments es dirigien cap a les seves germanes, que havien marxat molt lluny.

Així que va decidir fer-los una visita. Pel camí, va travessar un immens camp de batalla ple de morts.

—Queda algun ésser viu que em pugui dir qui ha estat l'autor d'aquesta carnisseria?

Un home es va aixecar i li va dir:

—És la bella princesa Maria Morevna.

L'Ivan va continuar el seu camí i va arribar a un camp ple de tendes. Es va acostar a una d'elles, tota blanca. Era la de Maria Morevna.

—Vens a fer-me una visita per gust o per obligació? —li va demanar.

—Un home valent només viatja per gust —li va respondre l'Ivan.

—Així doncs, vine a l'interior de la meva tenda —va dir la Maria Morevna.

Hi va passar dos dies i es va casar amb la Maria Morevna.

Després ella el va portar al seu palau, un palau meravellós, carregat de riqueses, on van viure feliços.

Un dia, la Maria Morevna va decidir marxar cap a la guerra. I va dir a l'Ivan:

—Et pots quedar al palau, fer-hi el que vulguis, agafar qualsevol cosa que vulguis, mirar-ho tot, visitar el que et sembli, excepte el celler que hi ha darrere d'aquesta porta. Fins aviat.

Li va fer un petó i va marxar amb els seus guerrers. Quan es va quedar sol, l'Ivan només tenia una idea dins el cap, la de veure què hi havia al celler. Hi va trobar un home gegant, que gemegava, lligat amb dotze cadenes. Era en Koshchei, *l'Immortal*.

—Si us plau —li va demanar—, dona'm alguna cosa per beure. Fa set anys que estic tancat aquí dins, sense haver pogut mai beure ni menjar res.

L'Ivan va tenir pietat d'aquell home i li va dur un cubell d'aigua, que es va empassar àvidament.

—Una mica més... —va gemegar.

L'Ivan n'hi va portar un segon cubell. En Koshchei se'l va empassar tot i, havent recuperat totes les seves forces, d'un sol cop va trencar les dotze cadenes. Mentre fugia, va dir a l'Ivan:

—Veuràs tant la Maria Morevna com la punta de les teves orelles!

En Koshchei no va trigar a trobar la Maria Morevna, la va capturar i la va empresonar amb tres voltes de clau dins el seu castell.

L'Ivan es penedia de no haver seguit la recomanació de la Maria Morevna. Estava tan desesperat que va decidir marxar a l'encontre de la seva estimada.

Va caminar durant tres dies. Al tercer dia, va arribar als peus d'un esplèndid castell. Es va posar a reposar sota un roure, a prop de la gran porta. Un falcó blanc estava posat en un arbre. Va batre les ales i es va posar als peus de l'Ivan, va fer un cop a terra i es va convertir en príncep. Va acollir l'Ivan molt content i el va dur al seu castell, on la seva germana Maria es va llançar als seus braços.

—Quina alegria tornar-te a veure, germà! Què és de la teva vida? Queda't amb nosaltres!

S'hi va quedar durant tres dies, i després els va dir:

—Haig de marxar, perquè estic buscant la Maria Morevna.

—No et serà fàcil —li va confessar la Maria—. Deixa'ns la teva cullera d'argent, això et podria servir.

Encara va caminar durant tres dies més. El tercer dia va arribar a prop d'un castell meravellós. Es va posar a reposar sota un roure que hi havia a prop de la gran porta. Una àliga s'estava sobre un arbre. Va batre les ales i es va aturar als peus de l'Ivan, va fer un cop a terra i es va transformar en un bell príncep. Aquest va acollir l'Ivan amb efusió i el va dur al seu castell, on la seva germana Olga es va llançar als seus braços.

—Quina alegria tornar-te a veure, germà estimat! Què és de la teva vida? Queda't amb nosaltres!

S'hi va quedar tres dies, i després va dir:

—Haig de marxar, perquè estic buscant la Maria Morevna.

—Aquesta empresa és molt difícil —li va confessar l'Olga. Deixa'ns la teva forquilla d'argent, això et podria ajudar.

Va caminar encara durant tres dies. El tercer dia va arribar a prop d'un castell encara més maco que els dos precedents. Es va aturar a reposar sota el roure a prop de la gran porta. Un corb estava penjat a l'arbre. Va batre les ales i es va posar als peus de l'Ivan, va fer un cop a terra i es va transformar en un príncep resplendent. Aquest va acollir l'Ivan amb mostres d'alegria i el va dur cap al castell, on la seva germana Anna el va abraçar tendrament.

—Quina alegria tornar-te a veure, germà estimat! Què és de la teva vida? Queda't amb nosaltres!

S'hi va estar tres dies, i després va dir:

—Haig de marxar, perquè estic buscant la Maria Morevna.

—Aquesta és una empresa molt perillosa —li va confessar l'Anna—. Deixa'ns la teva tabaquera d'argent, això pot ajudar-te.

L'Ivan va caminar encara durant tres dies i va arribar a casa d'en Koshchei. En el mateix moment va trobar la Maria Morevna, que li va saltar al coll. Estaven sols, en Koshchei havia sortit a caçar durant tot el dia.

—No em vas fer cas! Ara, per culpa teva, estem separats per sempre més. En Koshchei em té presonera.

—Perdona'm, estimada. No cal pas que continuïs així. Et portaré amb mi.

—És inútil, en Koshchei té un cavall màgic que galopa a la velocitat del vent. Ens atraparà.

—Malgrat tot, provem-ho —va respondre l'Ivan.

Al vespre, quan en Koshchei va tornar de la cacera, la seva muntura va ensopegar.

—Què fas, animalot? Què et passa? —es demanava en Koshchei.

—La Maria Morevna ha marxat, l'Ivan se l'emporta amb ell —va respondre el cavall.

—Encara els podem atrapar?

—Tenim temps fins al moment de llaurar, sembrar el blat, passar-hi el trull, collir-lo, moldre'l i finalment coure el pa —va afirmar el cavall.

D'aquesta manera, els dos fugitius van ser atrapats ràpidament.

—Per aquest cop et perdono —va dir en Koshchei a l'Ivan—, perquè un dia em vas donar aigua per beure.

I en Koshchei es va endur la Maria Morevna.

L'endemà, a punta de dia, l'Ivan ja no era al lloc. Va marxar de nou a buscar la seva estimada. En Koshchei tornava a ser a caçar quan hi va arribar.

—Vine, estimada, marxem! —va dir l'Ivan.

—Saps perfectament que en Koshchei ens enxamparà.

—Tant li fa, com a mínim estarem junts tot el dia —li va respondre.

Al vespre, quan en Koshchei va tornar de la cacera, la seva muntura va ensopegar.

—Què fas, vella euga? Què et passa ara? —va grunyir en Koshchei.

—La Maria Morevna ha partit i l'Ivan se l'enduu —va respondre el cavall.

—Podem atrapar-los?

—Tenim temps fins al moment de llaurar, sembrar el blat, passar-hi el trull, collir-lo, moldre'l i finalment coure el pa —va afirmar el cavall.

Efectivament, els dos fugitius van ser atrapats ràpidament.

—Et perdono una vegada més —va dir en Koshchei a l'Ivan—, perquè un dia em vas donar beguda. Però és la darrera vegada!

I en Koshchei es va endur la bella Maria.

L'endemà, a punta d'alba, l'Ivan ja no era al lloc. Va marxar de nou a buscar la seva estimada. En Koshchei tornava a ser a caçar quan hi va arribar.

—Vine, estimada, marxem! —va dir l'Ivan.

—Saps perfectament que en Koshchei ens atraparà i que aquest cop et matarà...

—Tant li fa, no puc viure sense tu.

Al vespre, quan en Koshchei tornava de la cacera, la seva muntura es va tornar a entrebancar.

—Què fas, tros de carn vella? Què em diràs aquesta vegada? —va cridar en Koshchei.

—La Maria Morevna ha marxat, l'Ivan se l'enduu amb ell —va respondre el cavall.

—Atrapem-los!

Els dos fugitius van ser atrapats de nou, encara més de pressa que les altres vegades.

—Tres cops, ja n'hi ha prou! —va cridar en Koshchei—. Et tallaré a trossos.

A cops de sabre terribles, va tallar l'Ivan en una multitud de trossets que va ficar dins una bota que va recobrir de ferro. Després va anar a tirar la bota al gran llac blau, abans d'endur-se la Maria Morevna al seu regne.

En aquell moment, la cullera d'argent de casa de la princesa Maria, la forquilla d'argent de casa de la princesa Olga i la tabaquera d'argent de casa de la princesa Anna es van tornar totes tres negres.

El falcó, l'àliga i el corb van emprendre el vol al mateix moment i van arribar junts a les vores del gran llac blau. L'àliga va treure'n la bota i el falcó la va obrir. Tots tres en van treure els trossos del príncep Ivan. Els van posar per ordre i els van unir fins a reconstituir el cos d'un home. El falcó va anar a buscar l'aigua de la vida i el corb, l'aigua de la mort. Amb l'aigua de la mort, el corb va ruixar els trossos, que es van tornar a soldar entre si. Amb l'aigua de la vida, el falcó va ruixar el cos, que es va posar a moure's. L'Ivan va obrir els ulls i va badallar.

—Dec haver dormit una llarga temporada —va dir.

—Dormiries per sempre si no haguéssim vingut —van fer-li saber.

Després d'haver donat les gràcies als seus cunyats, l'Ivan no va perdre ni un moment per anar a retrobar la seva estimada, la Maria Morevna. Quan va arribar a casa d'en Koshchei, que tornava a ser de cacera, la Maria Morevna va obrir uns ulls enormes:

—Em pensava que eres mort i ara et veig aquí!

—He ressuscitat! Ara cal que se t'emporti d'aquí. Maria, hem de saber d'on va treure el seu cavall en Koshchei.

—Ja ho descobriré jo —va dir la Maria Morevna.

Quan en Koshchei va tornar de la cacera, ella l'hi va demanar.

—És una de les eugues de la Baba Iagà.[1] Per aconseguir-la vaig haver de travessar set muntanyes i després el riu de foc. A casa de la Baba Iagà vaig passar tres dies guardant els seus cavalls màgics abans no em donés un dels seus pollins com a recompensa.

—Però com t'ho vas fer per travessar el riu de foc?

—Vaig sacsejar tres vegades aquest fulard amb la mà dreta i d'aquesta manera va aparèixer un pont.

La Maria Morevna s'ho va apuntar tot dins el cap i ho va repetir paraula per paraula a l'Ivan. I, a més, li va donar el fulard que havia pres d'amagat d'en Koshchei.

[1] En la mitologia eslava, la Baba Iagà és una dona vella amb aspecte deformat i ferotge. Se la considera una bruixa que vola dins un morter, armada amb la mà de morter. Viu en les profunditats del bosc, en una cabana que s'aguanta sobre potes de pollastre.

L'Ivan es va posar en marxa. Va caminar durant molt i molt de temps. Tenia molta gana. Pel camí va veure una perdiu amb la seva llocada.

—Em menjaria aquestes cries —va dir.

—No gosis tocar els meus petits —va dir la perdiu—. Si els deixes en pau, un dia et podria ser útil.

—Com et sembli —va dir l'Ivan mentre s'estrenyia el cinturó.

Va reprendre el seu camí i va caminar durant molt de temps. Cada cop tenia més fam. Va passar pel costat d'un eixam d'abelles que s'havia instal·lat en un vell tronc.

—Amb ganes em menjaria la mel d'aquestes abelles —es deia.

—No t'atreveixis a tocar la nostra mel —van dir les abelles. Si la deixes estar, un dia et podríem ser útils.

—Com us sembli —va dir l'Ivan.

Va continuar el seu camí i va caminar durant molt de temps. Cada cop tenia més fam. Va passar pel costat d'una lleona i els seus lleonets.

—Em fotria un d'aquests lleonets —es deia.

—Ni se t'acudeixi agafar un dels meus cadells —va dir la lleona—. Si els deixes estar, podria ser-te útil un dia.

—Està bé —va dir l'Ivan.

Va seguir caminant, tot i que amb molta pena. Ara ja havia travessat les set muntanyes i va arribar davant del riu de foc. Va sacsejar tres vegades el mocador amb la seva mà dreta i, sense cap contratemps, va travessar per sobre d'un pont. A l'altre costat s'estenia una gran plana herbosa. La cabana de la Baba Iagà regnava al bell mig, elevada sobre els seus peus de pollastre. Estava envoltada de deu estaques, i sobre de nou d'elles hi havia plantat un cap d'home.

—Bon dia, àvia.

—Bon dia, jove... Vens aquí per gust o per força? —li va demanar la Baba Iagà.

—Soc valent i vinc a demanar-vos un dels vostres cavalls.

—Ah! Tens prou coratge, tal com dius —va riure la vella—. Si vols tenir una de les meves eugues, hauràs de guardar-les totes sense que se te n'escapi cap. Si fracasses, veus que en aquella estaca d'allà hi falta un cap, oi? El teu hi quedaria prou bé. Vinga, va, porta els meus cavalls a la praderia.

L'Ivan va conduir el ramat cap al prat. Però, només arribar, els cavalls van aixecar la cua i van desaparèixer a l'horitzó. L'Ivan estava desesperat. Fins a la tarda va estar postrat, assegut sobre una roca. Llavors, una perdiu es va acostar a ell i li va dir:

—Ivan, torna de pressa, les eugues són a l'estable.

Durant tot aquest temps, la Baba Iagà, feta una fúria, cridava als seus cavalls:

—Com és que heu tornat?

—No has vist aquell núvol d'ocells que s'ha abatut sobre nostre i que ens intentava buidar els ulls?!

—Doncs, així, demà anireu al bosc.

L'endemà, l'Ivan va conduir les eugues al bosc. Però, només arribar-hi, van marxar amb la cua enlaire i en tot el dia no les va tornar a veure. A la tarda, seguia postrat, trist i desesperat, assegut sobre un tronc, quan la lleona s'hi va acostar i li va dir:

—Ivan, torna, que les eugues ja són a l'estable. Han tornat sense cap problema, i la Baba Iagà gairebé s'ofega de la ràbia.

—Com és que heu tornat tan de pressa, coi de bèsties?

—Segurament hauries fet marxa enrere si haguessis vist aquelles bèsties ferotges! S'han precipitat sobre nostre i ens volien devorar.

—Ja que ha passat això, demà anireu al llac blau.

L'endemà, l'Ivan va conduir les eugues al llac blau. Però, només arribar-hi, van aixecar la cua i van desaparèixer enmig del llac. Al vespre, l'Ivan encara continuava assegut sobre la sorra, amb el cap entre les mans, quan una abella va anar a zumzejar a prop de la seva orella.

—Les eugues han tornat, Ivan. Torna tu també. Però sobretot no et deixis veure per la Baba Iagà. Amaga't darrere de les menjadores de l'estable. Veuràs un poltre sarnós. Espera al vespre, agafa'l i marxa amb ell sense cridar l'atenció de ningú.

L'Ivan va tornar quan la Baba Iagà treia escuma de ràbia contra les seves eugues:

—Així que no podíeu quedar-vos on éreu, trossos de carn bruta!

—Ja ens hauria agradat veure-t'hi a tu, amb aquells núvols d'abelles i vespes que queien sobre nostre i ens picaven els narius, els ulls, a tot arreu!

Tot i la seva fúria, o precisament a causa d'aquesta, la Baba Iagà es va adormir. L'Ivan va agafar el poltre. Van caminar durant molt temps, fins arribar al riu de foc. L'Ivan va sacsejar tres vegades el fulard amb la seva mà dreta. Va aparèixer un pont. Van travessar el riu i després, girant-se enrere, l'Ivan va sacsejar el fulard dos cops amb la mà esquerra. En aquell moment el pont es va tornar immediatament tan estret com un fil. En aquesta banda del riu de foc, enmig del prat, el poltre sarnós es va convertir en un cavall fabulós, que va transportar l'Ivan més de pressa que el vent.

L'endemà al matí, la Baba Iagà es va adonar de la fugida de l'Ivan amb el poltre, i va sortir a perseguir-los. Quan va arribar al riu de foc, va examinar les restes del pont, va creure que el podia travessar, però el seu pes va fer que tot s'esfondrés. Es va submergir a les flames i mai més ningú l'ha tornada a veure.

Durant aquell temps, el príncep Ivan va anar a trobar la Maria Morevna. Va fer que pugés sobre el seu cavall meravellós. Quan en Koshchei va tornar de la cacera, el seu cavall es va tornar a entrebancar.

—I ara què et passa, bèstia vella? —li va demanar en Koshchei.

—La Maria Morevna ha marxat, l'Ivan se l'emporta.

—No pot ser. Perseguim-los.

—Però el seu cavall és més ràpid que el vent!

—Tant li fa!

En Koshchei va esperonar el seu cavall fins a fer-li sang. Però van atrapar l'Ivan i la Maria Morevna. Llavors el cavall de l'Ivan va fúmer una guitza al front d'en Koshchei, que va caure a terra, mort. L'Ivan va cremar el seu cos i en va tirar les cendres als quatre vents de la Terra.

El príncep Ivan i la Maria Morevna van muntar els animals: ell el seu cavall meravellós i ella, la seva estimada, el d'en Koshchei. Van fer una visita al corb, i després a l'àliga, i finalment al falcó. Cada vegada eren acollits amb moltes abraçades. Ho van celebrar, van beure i van ballar, perquè no es pensaven pas que els tornarien a veure.

—Ivan, has sabut guardar la perla més bella del món.

La història explica que el príncep Ivan i la Maria Morevna van viure la resta de la seva vida als seus regnes, rics, feliços i bevent hidromel.

EL CÒNDOR I LA PASTORA

Fa molt temps, a les muntanyes andines, hi vivia una jove pastora indígena. Guardava el seu ramat tota sola enmig de la muntanya, molt amunt, lluny del poble on vivia la seva mare. No s'enyorava pas, perquè tenia moltes coses a fer. Mai no havia tingut por perquè estava acostumada a viure allà dalt, entre el Cel i la Terra, des que era petita.

La seva major preocupació era protegir-se del còndor i de la guilla. Normalment no s'atrevien a acostar-se als seus xais, perquè la noia sabia fer anar molt bé la fona, que mai no abandonava. Es passava el dia cantant darrere del seu ramat. Tot i que estigués sola, sempre cuidava la seva aparença, amb la seva faldilla vermella, un xal verd i un barret blanc. No ho feia per plaure a ningú, perquè ningú passava per aquelles muntanyes. Tot i això...

El còndor, que sovint planava molt alt al cel, i sempre a una distància prudencial a causa de la fona, havia emmalaltit d'amor per la jove pastora. Fins que va arribar un dia que no va poder més i va invocar el seu ancestre amb la finalitat de poder-se transformar en un home jove. D'aquesta manera, un matí, un jove ben plantat va arribar a la muntanya de la pastora, vestit amb un ponxo ratllat de colors i tocant la flauta. De lluny, la va saludar amb la mà. I això va ser tot.

L'endemà va tocar la flauta del matí al vespre, però sense deixar-se veure.

El tercer dia, el seu camí es va encreuar amb el de la pastora.

—Bona noia, què fas tu per aquí? —li va demanar amb un somriure.

—Ja ho pots veure —li va respondre—. Haig de guardar el meu ramat, tinc llana i el meu fus, i una fona per allunyar el còndor i la guilla.

—Si vols, et puc fer companyia. Sé tocar la flauta. També et puc ajudar a allunyar la guilla.

—No cal que et molestis. Una companyia com la teva és causa de malastrugança per a les noies.

—Així doncs, a reveure, no t'amoïno més.

Però el quart dia el noi va tornar a aparèixer.

—Bon dia. Només vinc per passar una estoneta amb tu.

—Seu —li va dir ella.

Es va posar a parlar de la muntanya, dels cims nevats, de les cascades de gel, de les aurores, de palaus de cristall, d'un cel límpid. Va esmentar les flors, el vent, els múltiples reflexos d'allà dalt.

—Si vens amb mi —va dir—, seràs una mena de deessa en aquest regne.

—No —va dir ella—, no m'agraden aquestes altures. El que m'estimo és la meva mare i el meu ramat.

—No hi insisteixo —va respondre mentre marxava. I tot cridant va dir:— T'estimo!

El cinquè dia va tornar. Es va asseure al costat de la pastora. Van estar parlant durant molta estona. Ella duia una espiga de plata a la roba. Se la va treure i la hi va donar. Ell es va gratar l'esquena amb l'espiga i, fent una ganyota, va dir:

—M'he clavat l'espiga a l'esquena. Me la pots treure?

Ella ho va provar, però immediatament es va trobar a l'esquena del còndor, que se la va emportar volant pels aires. La va dur molt amunt a la muntanya, allà on l'aire és tan pur. La va deixar a l'entrada d'una cova, on tenia el seu niu.

La pastora no feia més que pensar en la seva mare, que s'havia quedat al fons de la vall. El còndor va fer tot el que va poder i més per cuidar-la i per donar-li el seu amor, de manera que ella era feliç. Però no es viu només de felicitat. Enmig d'aquests pics rocallosos, ella tenia set, tenia gana i tenia molt fred.

—Les teves carícies em fan sentir feliç —va dir al còndor—, però tinc set, gana i fred.

Llavors el còndor va començar a volar i va dur-li foc i llenya perquè se sentís millor. Va instal·lar una conducció a la glacera per dur aigua fins al seu niu. Des d'ara la pastora tenia una llar de foc i una font. Li va dur una carbasseta, blat de moro, mongetes, una llebre. Ara ho tenia tot. Va ser el benestar i la felicitat per a tots dos.

Durant aquest temps, al fons de la vall, la mare de la pastora es lamentava i plorava.

Va passar el temps. A poc a poc, allà dalt, la pastora s'anava marcint. El seu cos es transformava i s'anava cobrint a poc a poc de plomes. Es va convertir en la femella del còndor. Un dia, va pondre un ou, que es va posar a covar.

A baix de tot, un lloro va veure que la mare plorava. I en va sentir pena. S'hi va acostar i li va dir:

—La teva filla és amb el còndor. Si em dones permís per passejar-me lliurement pel teu camp de blat de moro i per construir el meu niu al teu hort, te la tornaré.

—D'acord —va respondre la mare.

El lloro va emprendre el vol cap a la muntanya. Va tardar molt temps a arribar a dalt de tot. Va entrar a la cova del còndor, que en aquell moment no hi era. I va proposar a la pastora:

—Vols tornar amb la teva mare?

—Sí.

—Doncs puja a la meva esquena.

El lloro va tornar la pastora a la seva mare. La seva filla tenia un posat molt trist, estava bruta, tacada i tenia el cos cobert de plomes, però la mare no va tardar a donar-li de nou la seva figura humana.

Allà dalt, de retorn, el còndor va trobar la cova buida. I es va enfurismar d'allò més. Sabia que el culpable havia estat el lloro. El va anar a trobar i se'l va empassar d'un sol cop de coll. Però el lloro va sortir de nou pel seu darrere. Enfurismat, el còndor se'l va tornar a empassar, però el lloro va sortir per la mateixa via tan de pressa com el primer cop. Llavors, el còndor el va tallar a trossets i se'ls va anar empassant un per un. Però tots els trossos del lloro tornaven a sortir, i cadascun d'ells es convertia en un altre lloro. El còndor, vençut i impotent, es va posar a plorar.

Va plorar i cadascuna de les seves llàgrimes es va transforma en una papallona que aletejava al voltant de la casa de la pastora.

ELS REGNES DEL CEL

L'HOME ÀLIGA

El xaman del poble tenia tres filles i un fill que es deia Itiwana.

Un dia, aquest va capturar una cria d'àliga i la va cuidar. L'estimava per sobre de tot. Cada dia sortia a caçar per alimentar-la mentre les seves tres germanes es cuidaven de la terra. Com que veien que Itiwana sempre era fora, les tres germanes no paraven de queixar-se i de retreure-l'hi.

—El nostre germà no hi és mai, sempre és fora per alimentar la seva àliga, i mentrestant a nosaltres ens toca fer tota la feina. Això no pot durar més. Només podem fer una cosa: hem de matar l'àliga.

Però resulta que l'àliga havia après el llenguatge dels humans i ho havia sentit tot. Al vespre, Itiwana va tornar i va dur-li un conill per menjar. Però l'àliga va girar el cap i no va voler menjar.

—Què et passa? —es va preocupar el jove indi—. Com és que no menges? Hi ha alguna cosa que no estigui bé?

L'àliga no va respondre. Però, davant la insistència del seu amic, li va fer saber:

—Deixa'm marxar, vull tornar a casa meva.

—Però per què? És que no estàs bé aquí on ets?

—Sí, però les teves germanes em volen matar. I jo tinc una casa, així que hi tornaré.

—No vull que em deixis —va implorar Itiwana.

—Les teves germanes estan molt enfadades. Allibera'm, deixa que emprengui el vol.

—Si és així, me n'aniré amb tu.

—Com et sembli... Agafa alguna cosa per menjar, perquè el viatge serà llarg. Agafa també uns cascavells, que et posaràs a les cames per fer saber a les teves germanes que has marxat.

El noi va preparar una motxilla, es va lligar els cascavells a les cames i va pujar fins a la terrassa, on hi havia la gàbia de l'ocell.

—Ara, allibera'm —li va demanar l'àliga. I un cop lliure va dir:— Estàs preparat per marxar?

—Sí —va dir Itiwana.

—En aquest cas, enfila't a la meva esquena i agafa't bé a les meves plomes.

—Però soc massa pesat perquè em puguis dur.

—No passis ànsia —va respondre l'àliga—, l'única cosa que hauràs de fer serà aclucar els ulls quan t'ho digui. Si no, tots dos ens esclafarem contra el terra. Som-hi!

L'àliga va emprendre el vol sense cap esforç, amb el seu amic Itiwana a l'esquena. El jove indi veia com el seu país anava passant sota els seus ulls i va poder distingir les seves germanes, que estaven traient les males herbes del camp. L'àliga va tornar a baixar fins a situar-se just a sobre d'elles. El seu germà es va posar a fer dringar els cascavells. Elles van aixecar el cap i el van veure.

—És Itiwana! La seva àliga se l'emporta! Torna, Itiwana! —cridaven.

Però ja eren ben lluny. L'àliga feia grans cercles al cel i cada cop s'elevava una mica més, fins que van travessar els núvols.

—Ara, tanca els ulls —va ordenar a l'indi.

D'aquesta manera van passar a través d'un forat i van arribar a un altre cel, el dels corbs, i després a un segon cel, el dels falcons. Seguien pujant i van passar pel cel dels ocells de nit, i finalment van arribar el cel superior, el quart, el de les àligues.

—Ja pots obrir els ulls —li va dir l'àliga.

Itiwana no sabia on eren. Van arribar a un poble amb les cases construïdes amb terra. Unes escales permetien accedir-hi a través d'unes terrasses. Van entrar en una de les cases, que era buida. L'àliga es va sacsejar les plomes i es va ajupir per agafar un ganivet de pedra, amb el qual es va tallar el plomatge de dalt a baix. En va sortir una noia jove.

—Que guapa que ets! —va dir Itiwana.

Altres àligues van anar arribant. La primera portava un isard, que va deixar a terra. Es va treure les plomes: era un home. Va penjar el seu plomatge a la paret. Després, una dona-àliga va fer el mateix, seguida d'un home-àliga que duia una llebre a les urpes, fins que vint-i-cinc homes i vint-i-cinc dones es van reunir, després que cadascú deixés el producte de la seva cacera a terra i pengés el seu plomatge a la paret. La casa era plena de gom a gom. Tots els plomatges eren blancs, excepte algunes plomes negres al cim del cap. El cap de les àligues es va acostar a l'indi:

—Sigues benvingut, Itiwana. L'àliga que estimes és la meva filla. Si vols, et pots quedar amb nosaltres.

Itiwana va decidir quedar-s'hi i es va casar amb la jove-àliga. Durant el dia, es quedava a casa en companyia de la noia, mentre els altres anaven a caçar. Un dia, el cap de les àligues va dir a la seva filla:

—Fes-li un vestit de plomes perquè pugui venir a caçar amb nosaltres.

Llavors, una àliga es va arrencar una ploma de l'ala dreta, i després una altra, exactament simètrica, de l'ala esquerra. Una altra es va treure dues plomes de l'esquena, una altra dues del ventre, una altra del cap, i així totes les àligues, de manera que cadascuna triava dues plomes del seu cos, exactament simètriques, sense oblidar-se cap tipus de ploma, fins i tot del borrissol. La jove va ajuntar totes les plomes i en va fer un vestit d'àliga per al seu marit. L'endemà, quan totes van sortir a caçar, li va dir:

—Posa't el teu vestit de plomes, que sortirem.

El va dur sobre un turó i li va dir:

—Tira't cap avall i bat les ales.

I així ho va fer, el pobre desgraciat... Però no va tardar a caure de panxa. Llavors ella el va agafar entre el seus braços i el va dur sobre la teulada de la casa.

—Salta —li va dir—. Mou les ales. Jo volaré per sota teu. El moviment de les meves ales farà un corrent d'aire que et farà aguantar en l'aire.

D'aquesta manera, a poc a poc, va aprendre a volar.

Un dia van sortir de caça tots junts, cap a l'est. Al cap d'un moment, quan planaven tots dos pel cel, van distingir un petit núvol de pols a terra.

—Deu ser una llebre —va dir la noia—. Baixa en picat i atrapa-la.

Tot i que va baixar bé, les seves urpes només van agafar una mica de terra. Va ser ella la que va capturar la llebre una mica més enllà. Així que li va haver d'ensenyar a caçar.

Al cap de vuit dies, les provisions que Itiwana havia portat s'havien exhaurit. A més a més, la carn que li duien les àligues no li acabava de fer el pes.

—Me n'haig d'anar —va confessar a la seva dona—. No puc menjar-me la carn crua.

El cap de les àligues els havia observat i s'adonava que alguna cosa no anava bé.

—El meu marit no pot menjar carn crua —li va explicar la dona-àliga.

—Porteu llenya i escorces a la terrassa. Farem un foc i podrà coure's la carn —va respondre el cap.

D'aquesta manera, van dur molta llenya, escorces de cedre, encenalls. Algunes àligues van batre les ales per avivar les flames. Un espès fum negre va sortir del foc. Malament! Aquest fum va ennegrir les magnífiques plomes blanques de les àligues, de manera que es van tornar tacades, més fosques que blanques, bé, totes negres, tal com les trobem avui dia.

—Apagueu aquest foc de seguida! —va ordenar el cap de les àligues.

—El nostre plomatge tot blanc ens permetia camuflar-nos a l'hivern. Ara serem vistes amb facilitat —es lamentaven les àligues—. No hem de tornar a fer foc.

El cap de les àligues hi va pensar una estona i finalment va ordenar a Itiwana:

—Vola cap a l'oest. Allà hi trobaràs un home i una dona.

L'endemà al matí, Itiwana es va posar la seva roba de plomes. Va volar cap a l'oest i aviat va poder veure una cabana grisa. S'hi va acostar. Un vell el va acollir i aquest va cridar la seva dona:

—Vine a veure això, és Itiwana. Dona-li alguna cosa perquè mengi.

La dona li va dur uns pèsols, mongetes i pa.

—Menja-t'ho —li va dir.

Es va posar a menjar i en acabat es van posar tots tres a fumar junts durant una estona. Finalment, Itiwana va agafar de nou el seu vestit de plomes:

—Fins demà —els va dir.

Va tornar a la casa de les àligues. D'aquesta manera, alimentat pels humans, es va poder quedar per sempre a viure amb les àligues que estimava.

NÚVOL D'ABRIL

Hi havia una vegada una ratolineta que vivia amb els seus germans a la seva tribu, allà, a les grans planes d'Amèrica. Es deia Núvol d'Abril. Era feliç i amable, però no se sentia exactament igual que les altres. Per exemple, quan es trobava al voltant del foc amb els altres membres de la seva tribu, sovint aixecava de cop el cap i deia:

—Escolteu aquest soroll...

Tothom escoltava, però no sentien res. Al cap d'un moment, la Núvol d'Abril tornava a interrompre les converses:

—Escolteu, escolteu aquest soroll...

I tothom parava l'orella. Però, un altre cop, ningú no ho podia sentir, fos el que fos.

Un bon dia, quan ja en tenien massa, els seus germans li van dir:

—Sempre sents sorolls que ningú no sent, Núvol d'Abril. Constantment ens interromps. Escoltem. No hi ha res. Ja n'hi ha prou. Agafa les teves coses i ves a buscar el teu soroll. Quan l'hagis trobat, torna aquí i ens expliques de què es tracta.

D'aquesta manera, la Núvol d'Abril va abandonar la seva tribu. Va caminar molt, durant molt temps, sense trobar res. Finalment, un dia va sentir alguna cosa que s'assemblava al seu soroll. S'hi va acostar tan de pressa com va poder i va arribar a la vora d'un riu que queia en forma de cascada sobre unes roques. La ratolineta Núvol d'Abril estava meravellada: ho havia trobat, era el seu soroll! Emocionada, no s'adonava que hi havia una granota que la vigilava des de sobre d'una roca enmig de l'aigua.

—Bon dia —li va dir la granota.

—Oh! M'has espantat —va respondre la Núvol d'Abril—. Però digue'm: t'hi trobes bé, aquí? Tens el soroll al teu davant, al darrere, a l'esquerra, a la dreta. És fabulós!

—Vine aquí amb mi —li va proposar la granota.

—Sí, però com? Hi ha aigua...

—Bé, doncs salta! Mira, et deixo una mica de lloc —va dir la granota mentre es posava a un costat.

—Salta, salta...! Ja ho veig, però com ho haig de fer?

—És molt fàcil. Et poses plana d'aquesta manera, amb les cames del darrere. I hop!, saltes.

La petita ratolina ho va provar. Però una rata no és una granota... Així que va caure al bell mig de l'aigua i es va posar a nedar sense saber-ne amb les seves cametes. La granota la va ajudar i la va estirar cap a la roca.

—Uff..., per poc no m'ofego... —va gemegar la Núvol d'Abril.

—Tens sort —va dir la granota.

—D'això en dius sort? Si estic tota molla!

—Això no és res.

—Però sí he estat a punt d'ofegar-me i encara em dius que no ha estat res!

—Això no és res en comparació amb el que has vist mentre feies el salt —va respondre la granota.

—El que he vist mentre feia el salt? Què se suposa que he vist mentre feia el salt...? Ah, sí..., ja no me'n recordava. He vist les taques blanques del sol.

—Sí —va dir la granota—, has trobat l'objectiu de la teva vida.

La petita ratolina es va posar a pensar, amb el cap il·luminat per aquesta visió: les taques blanques del sol! Havia trobat l'objectiu de la seva vida.

La Núvol d'Abril va continuar la seva marxa i va caminar molt de temps per la gran praderia americana. Però les herbes eren molt altes. Amb les seves curtes cames, prou que s'hi escarrassava. Va caminar durant dies i dies. Va caminar tant que un dia no va poder més i va caure esgotada. Es moriria d'aquesta manera? Es feia fosc... Va ser llavors que va poder veure una petita llum que brillava en la llunyania. Reunint les darreres forces que li quedaven, la petita ratolineta es va dirigir cap a aquella llum. Estava de sort: era la casa d'una àvia ratolina que la va acollir, li va donar menjar i un llit.

—Enmig de la praderia, ens hem d'ajudar els uns als altres —va dir l'àvia.

L'endemà van parlar i l'àvia va proposar a la Núvol d'Abril que es quedés amb ella. Ja era vella i estaria contenta que la petita ratolineta li fes companyia i l'ajudés a la cuina. La petita ratolineta va acceptar-ho. Totes dues van viure moments molt feliços. El temps va passar. Però, a mesura que els dies anaven passant, la Núvol d'Abril es tornava sorruda. L'àvia rata bé prou que s'adonava que alguna cosa no anava del tot bé. Així que ho va demanar a la petita ratolineta, i aquesta li va explicar que havia d'anar cap a l'objectiu de la seva vida.

—Abans jo també era jove —li va dir—. Ja sé què és. Vinga, petita, ves cap a les taques blanques del sol.

L'àvia rata li va preparar provisions. La Núvol d'Abril va tornar a caminar per la gran praderia. Va caminar i caminar durant molt temps. Un dia va veure des de lluny alguna cosa estranya, com un animal adormit. S'hi va acostat. Era un bisó que semblava que no es trobava bé. Una de les banyes se li havia trencat, estava cobert de nafres i un núvol de mosques volava al seu entorn i l'agullonava. Estava postrat i li va costar molt aixecar el cap quan la petita ratolineta s'hi va acostar:

—Digue'm! Sembla que no et trobes gaire bé, oi, bisó?

—Ah...! —va sospirar—. Estic fatal... Em moro.

—No diguis bajanades! Ara soc aquí i potser et puc ajudar. Què puc fer per tu?

—Res... —va dir el bisó—. De tota manera, el que caldria que fessis no ho voldries pas fer.

—Bé, digues-m'ho igualment.

—No, no val la pena. Ara deixa'm...

—No, digues-m'ho —va insistir la ratolina.

—M'hauries de donar un dels teus ulls.

—Un dels meus ulls!

—Ho veus? No ho vols de cap manera. Vinga, marxa, deixa'm en pau.

La petita ratolineta va pensar ràpidament per a ella mateixa: "Un ull... En tinc dos... Sempre me'n quedarà un. Si no l'hi dono, es morirà."

Va pensar en el bisó, que estava tan malalt. "Vinga! Som-hi!" Amb prou feines ho havia pensat que el seu ull ja sortia de la seva òrbita i anava a situar-se al cim del cap del bisó, que de seguida es va posar dret i el seu pelatge es va convertir en net i lluent. Era una muntanya de músculs que es va posar a fer contorsions i a girar al voltant de la Núvol d'Abril.

—Petita ratolineta, m'has salvat la vida. Què puc fer per tu?

—M'agradaria tant anar cap a les taques blanques del sol!

—Així, doncs, enfila't a la meva esquena. Et duré fins al final de la praderia.

Es va enfilar a la seva esquena i es va agafar als seus llargs pèls. Van galopar i galopar molt lluny, cap a l'oest, fins que van arribar al peu de les muntanyes Rocoses. Allà el bisó es va aturar, va deixar la petita ratolineta i va dir:

—Jo soc un bisó de les planes. Aquí s'acaba el meu domini, allà tens la muntanya. Ara has de continuar tota sola.

La Núvol d'Abril va continuar la seva marxa, aquest cop per la muntanya. El pendent era molt pronunciat, envoltat de rocs abruptes. Si mirava cap a baix, al seu darrere, li venia vertigen. Però, malgrat tot, seguia pujant i ho va seguir fent durant molt temps. Un dia, al fons d'una vall, va veure alguna cosa que semblava un animal estranyament adormit. S'hi va acostar. Era un animal, de fet, un llop... Però semblava que estigués fotut. Una de les seves potes penjava de manera lamentable, la seva pell estava coberta de sang.

—Què et passa, llop? No sembla que et trobis bé.

—Oh! M'estic morint... —va dir el llop amb veu feble.

—Morir! No diguis bajanades! Potser puc fer alguna cosa per ajudar-te.

—No —va fer el llop—. El que caldria fer, tu no ho faràs pas.

—És igual, digues.

—El que caldria seria que em donessis el teu ull.

—El meu ull! —es va exclamar—. Però si només en tinc un! Si te'l dono, em tornaré cega!

—Ja ho veus, no ho vols. Així doncs, ves-te'n. Deixa'm en pau, deixa'm morir.

La petita ratolineta va mirar el llop, que s'estava morint, mentre que ella viuria encara que fos sense el seu ull. "Vinga! D'acord!" Va ser pensar-ho i que el seu ull anés a parar al crani del llop. Aquest va fer un bot amb les seves quatre potes, va començar una cursa desbocada al voltant de la ratolina, fulminant, fins i tot atractiu.

—Gràcies, petita ratolineta, m'has salvat la vida.

Però ella li va dir amb tristesa:

—Tens raó, però jo, ara, soc cega. Com m'ho faré per anar a veure les taques blanques del sol?

—Escolta, petita ratolineta. Jo soc un llop de les muntanyes. Conec bé la muntanya. Et portaré a la meva esquena fins al cim, a prop del sol. Vine, som-hi...

Va ajudar la Núvol d'Abril a arrapar-se al seu pelatge, a prop del coll, i va marxar. Va galopar, va saltar per sobre de valls, va passar crestes i cims i va travessar els torrents mentre la petita ratolineta s'aferrava ben fort. Finalment van arribar a prop del cim. El llop es va aturar.

—Ara ets ben a prop del sol, petita ratolineta. Només et falta pujar a dalt d'una roca. Ara et deixo que continuïs sola.

El llop va deixar la Núvol d'Abril a terra, va girar-li la cara cap al sol i va marxar. Com va poder, ella va escalar les roques, sovint patinava, a voltes queia i tot, però tornava a començar. Feia tanta força amb les seves cametes que al cap d'un moment estava tan cansada que va caure esmaperduda. Quan es va despertar, la va enlluernar una intensa llum que inundava l'espai. Va mirar de descobrir on era. Ah! Les taques blanques del sol...

—Però si hi torno a veure! —va dir.

Davant seu, bells i grans ocells s'havien aturat i la miraven amb admiració. Eren àligues, amb un plomatge que brillava a la llum del gran sol. La Núvol d'Abril va abaixar la mirada cap a ella mateixa, es va tocar el cos. Notava plomes, llargues plomes brillants com les dels ocells que se la miraven. S'havia convertit en una àliga, com ells. Era el regal del sol. Llavors va emprendre el vol amb les altres àligues, que li havien canviat el nom. Li deien Ploma d'Àliga. Es diu que la Ploma d'Àliga va tornar amb els seus germans sioux de la plana i que es va convertir en la cap de la tribu.

COM EN SAOULI VA ANAR FINS AL CEL

Des de sempre, els indis pawnee feien la guerra amb els ruyalotok. Aquestes dues tribus s'odiaven des de la nit dels temps.

Una nit, els ruyalotok van anar sense fer cap soroll i van envair el poble dels pawnee. Van calar foc a les cabanes mentre els guerrers, les dones i les criatures estaven submergits en la son. Alguns es van despertar, van sortir i van córrer en tots els sentits, però ja era massa tard. Tots van ser degollats pels ruyalotok. De bon matí, només quedaven ruïnes fumejants i cadàvers escampats al lloc on hi havia hagut el poble.

Tot i això, un jove pawnee, que es deia Saouli, havia aconseguit escapar-se de la massacre. Estava estirat, immòbil, amb els ulls tancats, paralitzat per la por. El dia començava i els ocells del bosc tornaven a cantar un altre cop. Enmig del silenci, en Saouli va sentir de seguida alguns sorolls d'ales al seu voltant. Va obrir el ulls i va descobrir un estol de voltors que baixava enmig dels seus germans. Un voltor més gran que els altres es va parar just a sobre del seu pit. Viu com un llamp, en Saouli el va agafar per les potes i les hi va lligar amb una corretja. Es va endur l'animal a la seva cabana, que, per sort, s'havia salvat, perquè era al marge del poblat. El noi va deixar el voltor, es va asseure i va reflexionar sobre la situació tan trista en què es trobava. Dirigint-se a l'ocell, va dir:

—Tu em faràs companyia. Si com a mínim fossis una noia... Jo podria caçar per a tu i per a mi. Tindríem criatures, que en el seu moment tindrien fills i filles. La tribu dels pawnee reviuria... Però em trobo sol amb un voltor!

Els ulls verds de l'ocell estaven fixos en Saouli. Brillaven com les estrelles. Com que no els quedaven gairebé provisions a la cabana, en Saouli va decidir sortir a pescar i a caçar. Després d'alliberar el voltor dels seus lligams, amb compte, va fer un nus a la cortina de cuir de l'entrada de la cabana i es va internar dins el bosc.

A la tarda, quina sorpresa es va endur quan va veure un fil de fum que sortia de la teulada de la barraca! D'una revolada, hi va entrar. Una olor deliciosa de carn a la brasa sortia del foc, hi havia plàtans posats en un plat, galetes de mandioca acabades de fer, la carbassa plena d'una beguda exquisida de *kachiri*. El voltor no havia abandonat el seu lloc i se'l mirava amb els seus ulls verds, amb una lluentor maliciosa.

—Qui ha vingut? —li va demanar en Saouli.

Però ja sabeu que els ocells no parlen... El voltor només movia el cap, sense deixar de mirar en Saouli.

L'indi va sortir. Al costat mateix de la cabana, va trobar uns trossos de fusta perfectament alineats. Va examinar el terra i hi va trobar unes petjades que duien al riu. Eren uns petits peus de noia jove...

Aquell vespre, en Saouli va ben menjar, tot i partir-se els aliments amb el voltor. Després, ajupit, amb el cap entre les mans, es va posar a somiar davant del foc. Somniava el benestar que podria tenir amb una dona i unes criatures.

—On s'amaga aquella que ha vingut? Qui és? L'haig de trobar.

Absort per les seves reflexions, en Saouli se'n va anar a dormir que ja era molt tard. Tan tard que l'endemà es va despertar quan el sol ja era molt alt a la volta celeste. El foc encara estava encès; les galetes de mandioca, calentes, i la carbassa era plena de *kachiri*. El voltor, en una cantonada, el mirava sempre amb aquells estranys ulls verds.

En Saouli va decidir fer net, volia saber qui es presentava a casa seva. Va despenjar el seu arc, va prendre alguns esquers, va tancar amb compte la cabana i va marxar. De fet, el que va fer va ser fer veure que s'internava al bosc. Va fer una llarga volta i va tornar per amagar-se enmig de les mates, a prop de la seva cabana, i poder vigilar la rodalia.

Ben aviat, una gran sorpresa: la porta de la cabana es va obrir i va deixar pas a una jove que va agafar la direcció del riu. Era bella com el dia. Els seus llargs cabells negres suraven en el vent. Portava una faldilla de perles i un collar de pedres multicolors. El cor d'en Saouli batia desesperadament.

Quan la noia va haver desaparegut, es va escórrer cap a dins la cabana i va trobar la pell del voltor a terra. Llavors va entendre que se les havia amb un ocell sobrenatural. Va agafar la pell i la va enterrar amb cura, perquè la noia no pogués tornar a prendre la forma de voltor. Ben aviat va poder sentir un lleu moviment de l'herba. Ella arribava. Va entrar. De cop i volta, ell li va agafar els punys. Ella va cridar. Se la va mirar amb tota la seva ànima. Els seus ulls no eren negres com els de les dones de la seva tribu, sinó del color de l'aigua sota el sol. La va anomenar Ull de Maragda.

—Vine amb mi —li va suplicar—. No tornis a marxar cap als terrenys de caça dels ocells. Jo aniré a pescar i a caçar per a tots dos. Tindrem les criatures dels meus somnis i viurem feliços aquí mateix.

La noia jove va decidir quedar-se. Quina altra cosa hauria pogut fer, ja que el seu vestit de plomes havia estat amagat? Cada vespre, en Saouli obria els seus braços per acollir-la. Fins al matí no els abandonava. Ull de Maragda es va acostumar ràpidament a la seva nova existència. Ja pràcticament no pensava en el regne dels ocells del qual venia.

El temps va passar. Un vespre, de retorn de la cacera, en Saouli la va trobar estesa sobre l'herba, amb els ulls perduts mirant el cel.

—Alguna cosa no funciona? —li va demanar.

Haig de tornar a casa meva.

—No pot ser. Si tornes allà dalt, ja no tornaràs. No et vull perdre.

—Però el meu pare ha de saber que he trobat un marit.

—Qui és el teu pare? Un voltor?

—És el rei dels voltors. També és l'amo del sol i del cel. És el gran Kasana-Podole.

—No em deixis, Ull de Maragda!

—Tornaré —li va prometre—. Mai no podria viure sense tu.

Ella va demanar el seu vestit de plomes, però ell s'hi va negar.

—Et juro que d'aquí a tres dies seré aquí —li va assegurar.

Ella es va tallar un manyoc dels seus cabells negres, el va posar dins un tub de bambú i va demanar a en Saouli que bufés el fum de la seva pipa a l'interior.

—Agafa això —li va dir ella tot tancant el tub—. Si no torno, ho llences al foc i em moriré al mateix moment, sigui on sigui.

En Saouli es va avenir a desenterrar el vestit màgic. Ella se'l va posar i va començar a volar. Amb el cor que li bategava, en Saouli la va veure com s'elevava fins als núvols. Durant un bon temps els seus ulls van restar perduts a les profunditats del cel, fins que ella va haver desaparegut. Les nits i les jornades següents van passar de manera més lenta que si fossin un riu mandrós.

Al vespre del tercer dia, quan el sol gairebé es ponia per l'horitzó, en Saouli va sentir una pesada inquietud al pit. Mirant al cel, finalment hi va distingir tres petits punts negres. Es feren cada cop més grossos. Eren ocells, més concretament voltors. Van planar un moment per sobre seu, i després es van posar ben a prop. Va reconèixer perfectament el voltor més gran. Però com era que estava amb els altres dos?

Es van treure els vestits de plomes i els van deixar a terra. Ull de Maragda es va llançar als braços d'en Saouli. Els altres dos eren dos nois joves.

—Són els meus germans —va explicar-li Ull de Maragda.

—Però per què els has dut?

—El meu pare et vol conèixer, vol que vinguis amb nosaltres. Els meus germans i jo hem dut un vestit de plomes per a tu, de manera que puguis seguir-nos fins al nostre regne.

—Però jo no puc volar! —es va exclamar en Saouli.

—No et preocupis per res —li va dir Ull de Maragda—. Quan et posis aquest vestit, seràs tan hàbil com nosaltres i et serà igual de fàcil volar que caminar o córrer.

En Saouli es va posar el vestit de plomes. Els seus braços es van convertir en ales. Es va sentir lleuger com mai abans. Quan va començar a batre les ales, es va aixecar sense esforç cap al cel, seguit immediatament pels altres tres voltors.

El viatge va ser llarg. I moure les ales va acabar cansant en Saouli. Els seus companys li van explicar que podia enfilar-se per l'aire sense esforç si era capaç de planar en grans cercles. D'aquesta manera, ben lleugers, tots quatre travessaren els núvols i van arribar a l'estret pas que permetia accedir als territoris de caça celestials.

Van aterrar i es van treure els vestits de plomes per tornar a tenir forma humana. Molts altres voltors que eren allà els van imitar i es van transformar en homes vigorosos i en magnífiques noies joves.

Ull de Maragda va conduir en Saouli on era el seu pare. Pel camí, van trobar, dempeus davant de la seva cabana, un vell prim, calb, amb la cara pàl·lida com si fos un home blanc.

—No el coneixes? —va demanar-li Ull de Maragda—. És la Lluna.

L'home-lluna els va seguir amb la mirada durant una bona estona.

Més enllà, davant d'una altra cabana, es van trobar un home immens que duia un pentinat fet de plomes molt llargues i amb forma de raigs. Es van veure obligats a fer una gran marrada perquè aquest home desprenia una calor terrible.

—On vas? —va cridar l'home a Ull de Maragda.

—Vaig a presentar el meu promès al meu pare —li va respondre.

I, girant-se cap a on era en Saouli, va afegir:

—Aquest és el Sol.

Finalment, van arribar a prop d'una cabana davant de la qual hi havia un immens voltor de dos caps. Els seus ulls verds eren tan brillants que semblava que llancessin llampecs.

—Aquest és el meu pare, el gran Kasana-Podole —va dir Ull de Maragda.

—Et porto qui he escollit com a marit —va dir ella sense vacil·lar—. És de la tribu dels pawnee, que ha estat exterminada pels seus enemics. N'és l'únic supervivent.

—Així, doncs, es tracta d'un heroi —va dir en Kasana-Podole, amb un parlar astut—. D'altra banda, no sembla que li falti aplom, si es vol casar amb la meva filla, ell que només és un simple indi mortal!

Kasana-Podole, el rei dels voltors, l'amo del sol i de la lluna, es va girar cap a en Saouli i li va dir:

—Haurem de veure si realment ets un gran heroi! Si no ets capaç de superar les proves que et plantegi, et mataré i devoraré la teva carn. Veus aquell arbre que hi ha allà? L'hauràs de tallar. I vull que en facis una piragua abans d'aquest vespre.

En Kasana-Podole li va donar una destral que era tan gran que amb prou feines la podia portar. L'arbre era immens. En Saouli prou que s'hi afanyava, però, tot i els esforços que hi esmerçava, la destral no feia cap mena de marca sobre el tronc de l'arbre. Tot i això, va continuar picant, pensant en Ull de Maragda. Però, esgotat, desencoratjat, va decidir parar quan, a les branques de dalt de l'arbre, va sentir una mena de riure. Va aixecar el cap i hi va veure un pigot.

—Què fas amb aquesta destral? —li va demanar el pigot.

En Saouli li va explicar que en Kasana-Podole li havia ordenat fer una piragua amb aquell arbre.

—No passis ànsia —va dir l'ocell—. Els nostres becs són molt superiors a totes les destrals del món. Podem fer aquesta feina sense cap problema. Queda't aquí. Avisaré els meus amics. En Kasana-Podole tindrà una piragua com mai no n'ha vist cap.

El pigot va picar el tronc amb el seu bec. Immediatament, un núvol dels seus congèneres va envair l'arbre. Es van posar a picar el tronc a cops redoblats. Els encenalls volaven i aviat l'arbre va caure enmig d'un gran terrabastall. Els pigots van començar a tallar la piragua. Just abans que s'acabés el dia, a terra hi havia una piragua, perfecta, ben buidada, polida pels becs innombrables dels ocells. Era el moment, perquè en Kasana-Podole arribava. Va quedar tan sorprès com furiós quan va descobrir aquella meravella. Però va dissimular i no ho va semblar.

—Ets molt hàbil —va dir—. Però encara no has acabat. Ara em construiràs una casa, perquè la que tinc és massa vella. La construiràs sobre les roques d'aquell turó. Vull que sigui gran i sòlida. Clavaràs els puntals a la roca. Agafa aquesta pala, tens fins demà al vespre. Si no, que no et passi res!

En Saouli va entendre que en Kasana-Podole no feia cap broma.

L'endemà al matí va pujar al cim del turó, amb el cor content, encoratjat pel seu èxit del dia anterior. Es va posar a trencar rocs amb la seva petita pala. Però no aconseguia ni tan sols marcar la pedra. Només de tant en tant en sortia alguna espurna. L'indi va fer servir totes les seves forces. Però de seguida es va aturar, esgotat, desesperat. Llavors, de sota els seus peus va sortir un cuc, d'una esquerda de la roca.

—Què fas amb aquesta pala? —li va demanar el cuc.

I en Saouli li va explicar que havia de construir la casa d'en Kasana-Podole. El cuc li va dir:

—No ho aconseguiràs pas picant sobre la roca. Al contrari, la pedra respon a la teva força bruta tornant-se cada cop més dura. Deixa que jo ho faci. Cridaré els meus germans i ja veuràs com ho farem sense perdre la calma.

El cuc va fer una crida misteriosa en el seu llenguatge de cuc. En Saouli llavors va veure una multitud de cucs que apareixien per les fissures de les roques. S'hi ficaven, les trencaven dolçament, les partien, les convertien en grava i en sorra. Només calia que fes uns forats amb l'ajuda de la pala per plantar-hi els puntals de la casa. Però com s'ho havia de fer per fer el sostre? Tenia dubtes. I en aquell moment va arribar l'oriol.

—Espera un moment i veuràs què podem fer!

Va cridar els seus germans. Cadascun d'ells duia fulles, escorces, i en un tres i no res la teulada de la casa va aparèixer, sòlida, perfectament estanca. Després van entrellaçar unes branques mal·leables de vímet per fer els murs. Abans que el dia acabés, la feina estava acabada. El darrer oriol va emprendre el vol quan en Kasana-Podole va aparèixer, superb i arrogant. Va faltar poc perquè s'ofegués de fúria en veure l'obra acabada.

—Certament, ets molt hàbil —va grunyir—. Però encara no has acabat. Ara aniràs fins aquell llac i amb aquesta carbassa l'hauràs d'assecar. I que demà al vespre hagis acabat, si no, no veuràs pas el dia següent —va afegir mentre somreia.

A punta de dia, en Saouli va anar a la vora del llac, que era tan gran que semblava un mar. Pel fons, l'aigua s'escolava per anar a regar la terra dels homes. Carregat d'esperança i de coratge, l'indi va començar a buidar l'aigua amb la carbassa. Li calia tot l'amor que sentia per Ull de Maragda per atrevir-se a emprendre aquella mena de treball. Però, després d'hores i hores, el nivell del llac no havia baixat més que el gruix d'un cabell. Va ser llavors que una libèl·lula es va posar a volar al seu voltant.

—Què fas, home, amb aquesta carbassa?

—El rei dels voltors vol que buidi el llac.

—Deixa'm fer a mi. Avisaré les meves companyes i ja ho veuràs.

L'insecte va fer vibrar les seves ales i de seguida un núvol de libèl·lules va envair l'aire. Posaven les seves ales a l'aigua i se n'emportaven les gotes ben lluny. El nivell del llac baixava i baixava. Al vespre, era buit del tot.

Ull de Maragda era allà. Va marxar, tota contenta, a buscar el seu pare, que no s'havia ni dignat a venir a veure com havia anat, segur com estava que la feina que li havia encarregat era impossible de fer. Davant d'aquella extensió de fang que el rei dels voltors va descobrir al lloc on hi havia hagut el llac, i on alguns caimans prenien el sol, no va poder aguantar la ràbia:

—Et creus invencible! Ja ho veuràs, doncs, perquè encara no has acabat de combatre amb mi! Ja veuràs com et costarà, vil mortal, enfrontar-te amb l'amo del sol! Torna a agafar la destral i talla tots els arbres del bosc que hi ha al voltant d'aquest llac. I que demà al vespre estigui fet.

Amb la pesada destral a la mà, en Saouli va marxar cap al bosc. Davant la immensitat de la tasca que li tocava fer, es va asseure al peu d'un arbre, completament desanimat, però a sobre del seu cap va sentir el seu amic pigot:

—Què et passa, amic, que sembles trist amb la teva destral?

—És terrible, ara he de desforestar tot el bosc!

—Oh! Veig que en Kasana-Podole se l'està buscant! No ens coneix pas... Espera't una mica.

El pigot va picar un tronc amb el seu bec. Una multitud de pigots va envair el bosc i es va posar a treballar. Els arbres queien. Els ocells tallaven i arreglaven les branques i els troncs. Ho posaven tot en pilots i, abans que arribés el vespre, el bosc havia estat desforestat. Quan en Kasana-Podole va arribar, els seus dos caps de voltor xiulaven de ràbia.

—Encara no t'has salvat, indi mortal! Ara mateix cremarem aquest bosc, tu al mig i jo al voltant. Ara sabràs el que és una tempesta!

En Saouli no s'ensumava res. Va calar foc al mig mentre el rei dels voltors l'havia calat tot al voltant. Quan l'indi es va adonar que estava envoltat per les flames, ja era massa tard. Es va asseure, pensant que al cap i a la fi era agradable, això de morir per la seva estimada. Estava ajupit, amb el cap entre les mans. Les flames se li acostaven quan va sentir una veu fina, que venia de sota, de prop d'on tenia els peus. Era l'aranya:

—Què fas, home? No et deixaràs pas destruir per en Kasana-Podole! Vine a casa meva.

Per art d'un encanteri que li va fer l'aranya, en Saouli es va tornar petit, com aquesta bestiola. Va entrar al seu cau i hi va estar amagat i protegit. Quan va arribar el moment, va tornar a la seva talla humana. El terra estava cobert de cendres fredes, el paisatge era tot negre. En Kasana-Podole va arribar al lloc perquè volia veure el seu cadàver. En Saouli es va posar al seu darrere:

—Així, gran cabdill del cel, què he de fer per tu, ara mateix?

Els dos becs de voltor es van quedar oberts d'estupefacció. Sentia tanta ràbia que durant un moment no va poder ni parlar. Finalment va cridar:

—Ara veurem qui és el veritable mestre del sol, de la lluna, de la pluja, de la tempesta, del temporal, dels ocells. Em construiràs un tron de pedra només amb les teves mans. El tallaràs amb fines columnes. El dosser ha de representar dos caps de voltor que semblin estar vius. I que ho tinguis fet demà al vespre!

Enmig del seu mal humor, el rei s'havia fins i tot oblidat de dir on s'havia de situar el tron. En Saouli va mirar-se les mans que havien de modelar la pedra com si fos terra. Però als seus peus va aparèixer una tropa immensa de termites que venia a ajudar-lo. Junts van fer rodar un enorme roc cap a la vall, i després les termites es van encarar amb la pedra, la van modelar i la van esculpir. Van aparèixer les columnes, després el setial, i a continuació el dosser amb els dos caps de voltor, tan ben fets que semblava que estaven a punt de moure's.

—Des d'aquest tron podràs manar —van dir les termines a en Saouli—. Tu ets l'amo. Tu podràs fer-lo anar allà on vulguis.

En Saouli va cridar les vespes.

—Podríeu fer el vostre eixam als peus del tron i pessigar qui s'hi assegui?

—Oh, i tant! A nosaltres ens agrada, això de pessigar.

Ull de Maragda va anar a fer saber al seu pare que el tron estava acabat. En Kasana-Podole va arribar, però estava tan atordit davant d'aquell mortal que l'havia vençut que es va deixar caure al tron. Era el moment que en Saouli estava esperant.

—Vinga, va! —va ordenar al tron.

El tron es va endur en Kasana-Podole, agredit pertot arreu per les vespes.

—Atura aquest tron, fes que les vespes parin! —cridava a en Saouli—. T'ho ordeno.

—No! És per la teva tempesta, pel teu foc, per la mort que em volies —va respondre en Saouli—. Ara ja saps el que és un indi de la tribu dels pawnee!

En Saouli li va girar l'esquena. Va anar a trobar Ull de Maragda. Es van posar les seves pells de voltor. En Saouli va mirar al seu voltant per veure si hi havia alguna cosa que es pogués endur de record. Però no va trobar res interessant.

Finalment, només va agafar algunes granes dins un pot que hi havia davant d'una cabana. Tots dos van trobar el forat del cel, el van travessar i van volar fins a la seva cabana de la Terra.

Un cop a baix, van conèixer la felicitat de l'amor, immens, serè, continu. Ull de Maragda estava tan contenta que mai més no va tenir ganes de volar ni de tornar als llocs de caça del cel. Van tenir moltes criatures, que al seu temps van tenir molts fills i filles. D'aquesta manera, la tribu dels pawnee es va poder reconstituir. Oh! Hi ha una petita cosa que cal no oblidar! Ull de Maragda va sembrar les granes que en Saouli va portar. En van sortir unes grans plantes que van fer unes grans espigues. Amb els seus grans, Ull de Maragda va fer la primera galeta de blat de moro del món.

REFERÈNCIES BIBLIOGRÀFIQUES

AFANASSIEV, A. *Les contes populaires russes*. París: Maisonneuve et Larose, 1990.

AMROUCHE, M.T. *Le grain magique*. París: Maspéro, 1966.

BENEDICT, R. *Zuny Mythology*. Nova York: AMS Press, 1935.

BLOCH, M. *365 contes des pourquoi et des comment*. París: Gallimard Jeunesse, 1997.

BOULAY, L. *Miroir des contes*. París: Armand Colin, 1982.

DHINGRA, B. *Le collier d'étoiles et autres contes de l'Inde*. París: Flammarion, 1959.

EDMONDS, M. i CLARK, E.E. *Légendes indiennes*. París: Éditions du Rocher, 1995.

GENZOR, J. *Contes des Philippines*. París: Gründ, 1978.

GOUGAUD, H. *L'arbre aux trésors*. París: Le Seuil, 1987.

LAPAIRE, H. *Les légendes berrichonnes*. París: Gamber, 1927.

MALY, M. *Contes baltes*. París: Gründ, 1981.

MARKALE, J. *Contes et légendes des pays celtes*. Rennes: Ouest-France, 1995.

POURRAT, H. *Le trésor des contes*. París: Gallimard, 1962.

ROLLAND, E. *Faune populaire de la France*, 2. *Les oiseaux sauvages*. París: Maisonneuve et Larose, 1967.

SAUGNEUX, J. *Contes et récits des Indiens Quechuas*. Presses Universitaires de Nancy, 1987.

SERYCH, J. *Légendes du Soleil, de la Lune et des Étoiles*, París: Gründ, 1977.

El nostre agraïment als contacontes que han volgut autoritzar-nos a copiar "L'ocell que tenia son" (explicat per Nicole Geelen i Isabelle Joyeux), "L'àliga i el sabater" (explicat per Jihad Darviche) i "Núvol d'Abril" (explicat per Roger Rolland, que el va recollir directament de Ploma d'Àliga).

ÍNDEX